职场第一课

籍艳秋　李洪伙　著

找工作要有好时

北京语言大学出版社
BEIJING LANGUAGE AND CULTURE UNIVERSITY PRESS

图书在版编目（C I P）数据

职场第一课 ： 找工作要有好口才 / 籍艳秋, 李洪伙著. -- 北京 ： 北京语言大学出版社, 2024.11
ISBN 978-7-5619-6431-6

Ⅰ. ①职… Ⅱ. ①籍… ②李… Ⅲ. ①职业选择－口才学－通俗读物 Ⅳ. ①C913.2-49

中国国家版本馆CIP数据核字(2023)第192615号

职场第一课：找工作要有好口才
ZHICHANG DI-YI KE：ZHAO GONGZUO YAO YOU HAO KOUCAI

项目策划：郭运敏　　责任编辑：郑　炜　孟画睛
责任印制：周　燚　　封面设计：杨明俊

出版发行：北京语言大学出版社
社　　址：北京市海淀区学院路 15 号，100083
网　　址：www.blcup.com
电子信箱：service@blcup.com
电　　话：编 辑 部　8610-82303670
国内发行　8610-82303650/3591/3648
海外发行　8610-82303365/3080/3668
北语书店　8610-82303653
网购咨询　8610-82303908
印　　刷：北京中科印刷有限公司

版　　次：2024 年 11 月第 1 版　　印　　次：2024 年 11 月第 1 次印刷
开　　本：880 毫米 × 1230 毫米　1/32　　印　　张：6.75
字　　数：155 千字　　定　　价：28.00 元

PRINTED IN CHINA
凡有印装质量问题，本社负责调换。售后 QQ 号 1367565611，电话 010-82303590

写在前面

面试官到底想听什么？

在校对这本书的时候，我无意间看到某位老牌艺人的女儿在直播。直播间评论区的评论看上去并不怎么友好，有网友调侃："都这么有钱了，身家十个亿，还苦哈哈地直播卖货，赚我们穷人的钱，真够跌你爸爸份儿的。"

看到这些评论，女孩不卑不亢："不可否认，我爸从事文艺工作，是赚了一点儿钱，但那都不是我的。你都说自己是穷人了，有在这里过嘴瘾诋毁一个为幸福生活而奋斗的女孩的工夫，不如去做个兼职，人穷嘴硬才可怜。"

"作为主播，当你被直播间的网友奚落与刁难时，你该怎么办？"上面这段话是多么好的面试答案！

这位艺人的女儿是清醒且理智的，她从刁难者的观点出发，用同样的逻辑，把刁难还给对方，不可谓不高级。

可见语言的艺术是何其美妙，会说话的人在职场上是多么游刃有余。

社会的迅速发展催生了一批新兴产业，如新媒体、云计算、大数据、人工智能等，极大地方便了我们的生活。产业的迭代升级也衍生出一批新岗位，在面试这些岗位的时候，应该如何应对？其实万变不离其宗。

求职者王伟光在面试新媒体文字编辑岗位时，面试官问了他一个问题：ChatGPT 等 AI 智能写作助手也许很快就会取代人类进行创作，3 秒创作时代的到来，有没有让你产生危机感？

王伟光回答道："危机感肯定会有，不光是职业写手，任何一个职业都会面临 AI 新科技的冲击，但危机都是一体两面的。我相信类似 ChatGPT 的创作'神器'能达到快速出稿的目的，但据我了解，ChatGPT 还很难模拟人类的情感输出，只有人不断对其进行投喂和调教，设置相应的精准关键词，才能让其创作更接近人的意识。"

看到面试官频频点头，王伟光补充道："这说明，ChatGPT 在本质上是离不开人的，当然，它也在倒逼着我们去努力提升核心能力，适应人与 AI 的共创环境。在 ChatGPT 出现之后，我觉得写作速度将不是问题，写作角度和深度以及同质化问题才更为重要。这对创作者来说既是一种挑战，也是一种机会。"

王伟光很清楚，AI 是服务于人的，ChatGPT 创作的方向取决于人的需求引导。在智能创作时代，在比创作速度的同时，也在比创作角度，而角度恰恰要由人提出。

所以，别害怕，人是最后的考官！任何智能程序或者虚拟网络背后的沟通逻辑，都是人与人的交流，最终都要把结果再反馈给人。

在职场面试时，考官想要的答案是什么？或者说，面试官到底想听到面试者表达什么呢？无外乎别出心裁的解决方案，无外乎对面试官应有的尊重，无外乎求职者准备就绪的那份坦然。

这就显得面试时的沟通技巧尤为重要。

2024 年全国普通高校毕业生达到 1179 万人，未来 5 年每年都将迎来 1100 万左右高校本科毕业生，还不含中高职毕业生。数量庞大的毕业生即将涌入职场，这不但增加了首次就业的压力，也在很大程度上激化了现有上班族之间的竞争。

求职，再次成为许多人关注的焦点问题。求职过程是由战略规划和一系列细节组成的，包括搜集信息、锻炼口才等。在条件相当的情况下，口才对求职胜出至关重要。

面试，其实就是一个双方探底的过程，谁先把对方的“底牌”摸清楚，谁就赢了。那么，在整个面试过程中，面试官想听的到底是什么呢?

面试官问你“为什么来我们公司面试”，并不是想听到你来学习的谦虚以及对该岗位感兴趣的客套话，而是想看看你到底有没有对公司进行充分了解，对岗位有没有较深层次的认知。

面试官问你“过去的业绩和表现”，并不是想听你海阔天空地回顾过往经历，你不能只说你做过什么，而是要讲透为什么要这么做、在取得那些成绩的同时你有什么收获。

面试官让你“评价一下上一份工作”，也不是想听你吐槽前东家，更不是想测试你有没有感恩之心，而是想看你有没有成长和收获。

读完这本书，我们希望读者能明白，对于面试，往往“听懂话”比“瞎表达”更为关键，“说得好”比“说得多”更为重要，因为只有听懂面试官的提问，明白面试官的想法，你们才能“相谈甚欢”。

“说什么?”“怎么说?”“何时说?”书里都有了。

希望这本书能实实在在地帮到你!

本书著者

2024 年 8 月

目　录

第一讲　怎么说，迅速吸引你的面试官　1

第 1 课　求职要热身，你的状态价值百万　2

“刚毕业的，你们要不要？”——看，你的求职状态糟透了　2

“一个月能给我多少钱？”——先有自知之明你再谈　7

“你会什么”比“你来自哪里”更重要　12

第 2 课　个性自我介绍，不再套用模板　16

“我叫×××，毕业于×××。”——还在用老套的模板？　16

这样瞎忽悠，“贵公司”只能下逐客令了　22

“王婆卖瓜”是你必备的吆喝口才　27

第 3 课　你的“正能量”口才，真的管用　32

好品质就是你的“自荐书”　32

求职不是求人，要释放“正能量”　37

巧妙说出你的兴趣，拿下心仪的岗位　41

第二讲　怎么说，把话说到面试官心坎上　47

第 4 课　面试“提分”技巧　48

表述不清？给面试官打个比方吧！　48

巧卖关子，让面试官高看一眼　53

让“道理”为面试加分　57

第 5 课　面试“攀亲”技巧　62

拍马屁没用，切中要害才能打消疑虑　62

不惧“非主流”——大龄跳槽职工PK“00后”面试官　66

讲点儿别人拿不走的东西　71

第 6 课　面试“障眼”口才　76
和高考一样，主观题要懂得客观作答　76
“工作经验”不是你打动面试官的唯一法宝　80
求职兵法，教你随机应变　85

第三讲　怎么说，不被面试官牵着鼻子走　89

第 7 课　面试官就是要“吹毛求疵”　90
别“狡辩”了，你不可能十全十美　90
告诉面试官你是如何处理“此类问题”的　95
小心，别掉进面试官的“提问陷阱”　99
第 8 课　面试现场没有“无期徒刑”　104
失败算什么？来个“回马枪”　104
来点儿幽默，让面试官回心转意　109
记住，面试官并没给你判“死刑”　113
第 9 课　接住考官抛出的“烫手山芋”　118
把自己“清零”，做个“白纸新人”　118
别光点头，你就没有疑问吗？　122
如何应对面试官给你穿的“小鞋”？　127

第四讲　怎么说，求职现场不再碰壁　132

第 10 课　别做面试现场的“大喇叭”　133
得寸进尺，让自己无路可退　133
你或许找错了“参照物”　138
答非所问，面试扣分　142

第 11 课　面试切忌“无理辩三分” 147
如此“常有理”，只能让你得不偿失 147
跟面试官聊天，别太“想当然” 152
过分表达，会让你吃大亏 156
第 12 课　你或许会“自打嘴巴” 160
跟考官聊得那么投机，为什么没有录用你? 160
求职，败在“优势”上可不值 165
点到为止，多说就“无益”了 169

超值篇　试用期，如何迅速脱离“菜鸟状态” 174

第 13 课　你有没有“暗箭伤人”? 175
别做职场中的“不着调” 175
你为什么会落个“出力不讨好”? 180
别人如此冒犯，你要反躬自省 184
第 14 课　让录用你的人因你而骄傲 189
敷衍工作，就是敷衍自己 189
马前卒，你敢拒绝你的上司吗? 193
让你的上司因你而骄傲 197

后记　口才是求职第一武器 203

第一讲　怎么说，迅速吸引你的面试官

当今，无论求职者是选择在招聘会现场或者人才市场去寻找就业机会，还是选择网络求职，最终都少不了一个环节——面试。如何在热闹拥挤的环境中让招聘单位对你“情有独钟”？如何在招聘单位看中了你的简历之后，让面试官对你的才情更加满意？这就要看你能否在短短几分钟内给面试官留下良好的第一印象，还要看你能否先声夺人，向用人单位很好地介绍自己，迅速吸引面试官。

第 1 课　求职要热身，你的状态价值百万

总体来说，就业环境对于求职者来说都是平等的，可为什么有人能很快找到工作，而有的人却忙忙碌碌几个月也一无所获呢？很多时候，心态是影响求职成败的重要因素。我们说，干什么就要有干什么的样子，这就要求求职者，特别是刚刚步入社会的大学生，要主动适应或者提前进入求职的状态。这也印证了一句老话：机会是留给有准备的人的。那么，应该如何调整心态，尽快进入求职状态呢？

“刚毕业的，你们要不要？”
——看，你的求职状态糟透了

未经你的许可，没有人能让你妄自菲薄。

——〔美〕埃莉诺·罗斯福

精神状态是每个人内心世界的直观体现。在面试过程中，保持最佳的精神状态，会让面试官有更多的交流欲望。如此一来，求职者被面试官看中的概率也就大大提高了。

问题板

很多求职者为了让用人单位接受自己，绞尽脑汁地在“面”上做工作，比如拍艺术写真，穿职业装，还有人拍摄自己的MV，等等，可谓五花八门。但从实际效果看，可能收效甚微。面试面试，只做好“面”是不够的，关键还在于“试”——这考验的是深入沟通的能力，或者说，是求职者与面试官沟通过程中的状态。

有一点是不可否认的，即人人都喜欢和开朗豁达的人交朋友。同样的道理，面试官也喜欢积极向上的求职者。意志消沉会使人面貌颓废，所以集中精力、保持乐观很重要。

说起来容易做起来难。到底应该怎么做呢？我们来看几个现实中的案例吧！

实战案例：毛遂到底是不是“口袋里的锥子”

想必“毛遂自荐”的故事大家都很熟悉。毛遂是战国时赵国公子平原君赵胜的门客，属于最末等的那种，一直没有展示才华的机会。长平之战后的第二年，秦国乘胜围攻赵国都城邯郸，赵国国君慌了手脚，找平原君问计，平原君说只有求救于楚国。可是说归说，平原君心里也没谱，要说服楚国发兵谈何容易。他回家与门客商议，这时毛遂自告奋勇说：“我愿意跟随公子前往。”

平原君号称有门客三千，根本没注意过毛遂，便问他：“先生在我门下几年了？”

毛遂答道：“已有三年。”

平原君说：“我听说有才能的人不管到什么地方，他的才能就像锥子放在口袋里一样，锋芒马上就会显露出来。先生在我这儿待了三年，却毫无建树，还是算了吧。”

这些话其实很伤人，可毛遂并不介意，他从容地说：“问题是您一直没有把我放在口袋里，要不然我的才能早已像锥子一样全部露出来了，岂止是露出一点儿锋芒呢？”

平原君一听，觉得这个人反应很快，就答应了。毛遂出使楚国，唇枪舌剑，豪气冲天，终于促成楚赵合纵，避免了一场杀人屠城的惨剧。毛遂也因此声威大震，并获得了“三寸之舌，强于百万之师”的美誉。

机会总是留给有准备的人，但机会也是稍纵即逝的，过了这个村就没了这个店。大家都束手无策的时候，正是你站出来展现自己的最好时机。毛遂之所以自荐成功，也是因为他看准了这样的非常时机，在上司万分焦急而又束手无策时挺身而出，显示了自己的才华，找到了自己的用武之地。

当然，故事里起决定作用的是毛遂的处变不惊、充满自信，正是这种良好的状态，帮他拿下了一个很高的印象分。

反面教材：“刚毕业的，你们要不要？”这样的求职状态属于“半熟”

好的求职状态需要“内外兼修”，除了面试前的着装打扮、求职简历的包装润色外，心理状态的“包装修饰”也至关重要。且看这位因状态不佳而面试失败的求职者：

在某大学的校园招聘会上，应届生李能斌认识到自己的劣势：能力不足，成绩不优，且没有花时间准备。他走到几个展位前，

虽然对方没有特意强调需要工作经验，李能斌同学还是喜欢问一句："刚毕业的，你们要不要?"

这一问，对方愕然，说："我们来校园招聘，当然是招聘应届毕业生啊!"

李能斌还不作罢，又问了句："你们只要专业对口的吗?"

听到这里，即便李能斌有再强的本事，面试官都不想再听他唠叨了。可想而知，李能斌的面试自然会以失败告终。

有些应届毕业的求职者或许会这样为李能斌喊冤：你看李能斌多实在啊！有自知之明，不搞虚假包装，敢于正视自己的不足！

是的，他很实在，但是，他有点儿太"实在"了。在求职现场，不乏有些求职者，自身条件跟对方单位的招聘要求不太符合，但是他们可以用理性的分析、巧妙的陈述来打动招聘者，甚至让招聘者认为他的弱势反倒是他的优势。

李能斌最大的弱点在于：他缺乏最起码的自信心。如果你自己都没有自信能做好这份工作，那么招聘单位当然更不会考虑你。

随堂练习

一家经营生物医药的公司高薪招聘医药代表，一位南方口音的应聘者介绍了自己在珠海某医药公司任营销经理的经历。在递上简历后，他简要地介绍了自己几句，就轻松过关了。

换位思考：你知道他是怎么说的吗?

参考答案：俗话说，不打无准备之仗。之所以想跳槽到贵公司，我是做过一定衡量的。我在珠海任营销经理时，用 3 年的时间打开了销路，开拓了新市场，积累了一定的销售经验，并且还拥有良好的客户关系和业务渠道。之所以选择贵公司，不仅是因为这里底薪高，更重要的是，我觉得贵公司的薪酬体系和发展平台是公平、透明的。我有把握完成公司的销售目标，并建议公司扩大销售人员的大额度销售提成比例，同时加强对新员工的培训。

亮点分析：言简意赅，将自己曾经干过什么、能干什么、今后怎么干三个问题回答得无懈可击，负责招聘的人事经理当场拍板录用了他。

这位求职者首先是一个理性的人，在他的自我介绍里，没有恭维、巴结或者祈求面试官的成分。他打开天窗说亮话，对于自己能做的事情不含糊，对于想要的东西也不藏着掖着，这种求职者干练、理性，会让招聘单位省去一部分培养成本，当然会受到招聘单位的青睐。

口才支招

1. 拥有良好的求职状态，求职者就已经有一只脚跨进了用人单位的大门。若要安全顺利跨入用人单位的门槛，双脚站稳，还需要知识、技能、经验等方面的武装。

2. 良好的状态和临场发挥来源于对应聘单位做的“功课”。面试之前，你应该了解应聘单位的历史、产品、社会声誉、创始人等。

3. 每个人都有缺点和不足，不要隐瞒自己的缺点，但也不要将缺点和盘托出。要掌握好“暴露”自己优点和缺点的比例，一般控制在 3 : 1 左右为佳。

“一个月能给我多少钱？”
——先有自知之明你再谈

知人既以为难，自知诚亦不易。

——〔唐〕吴兢《贞观政要》

如果说面试者的外在形象是面试过程中的第一张名片，那么面试语言就是第二张名片，它直观反映了一个人的文化素质和内涵修养。所谓“自知之明”，“明”要求求职者既要如实看到自己的短处，也要客观地分析自己的长处。如果只看到长处，看似自信，实则显得自负；如果只盯着短处，貌似谦虚，实际上有些自卑。

问题板

“你们的待遇怎么样？”

“一个月能给我多少钱？”

“有没有休息日？一个月休息几天？”

……

这些问题不是不能问，但是要选择时机问。否则，招聘单位就会认为，我们还没有了解你，你就急着问这么多问题，谁敢用你？这就是我们日常说的“谈钱伤感情”。

实战案例：“我不是纯洁无瑕的美玉，我需要雕琢”

王小川大学期间不是十分突出的学生，成绩平平，也不爱参加活动，但他却是班里最先找到工作的人。一问原因才知道，他是沾了“傻根”的福。

原来，王小川到一家用人单位参加面试时，自我揭短，把自身存在的诸如做事缺乏耐心、性格有些急躁以及喜欢墨守成规、不善于与人沟通交往等缺点，明明白白地写在了简历上。

负责招聘面试的公司人事部经理问他：“你为什么把自己的缺点全都不加掩饰地写在简历上？难道你就不怕用人单位知道了你的短处拒绝聘用你吗？”

他非常坦诚地回答：“我不是纯洁无瑕的美玉，我没那么完美，我需要雕琢。从小父母就教育我，人贵有自知之明。每个人都是有缺点的，正如明亮的太阳也有黑子一样。我想，让用人单位知道我的缺点甚至比知道我的优点还重要，而且只有把自己的缺点说出来，才能有决心和勇气改掉它们！”

最终，王小川靠真诚战胜了其他竞争对手，脱颖而出。

王小川求职成功的秘诀在于他的真诚坦然、不遮不掩。很多用人单位在招聘时，不仅重视求职者的学习能力和职业技能，更重视求职者的职业素养。而在求职中，为了赢得用人单位的好感，提高求职的成功概率，有些毕业生不仅不敢暴露自己的缺点，反而还精心策划包装，为了尽可能地展示自己的优点和亮点，甚至不惜注水造假。这种自欺欺人的做法一旦被用人单位识破，其后果是不言而喻的。事实证明，诚信是一种美德，讲诚信的人永远不会吃亏。“人贵有自知之明。”一个人对自己的看法能不能做到真实、准确、客观、全面，是体现其素质与能力的一个重要标志。

反面教材："一个月能给我多少钱？"这样谈钱伤感情！

浙江某机械公司招聘秘书，工作地点在杭州。苏亚楠对这个公司的工作岗位和工作地点都比较满意，因此她兴冲冲地挤进去，跟招聘人员聊了起来。

还没递上自己的求职简历，苏亚楠第一句话就问："你们公司的秘书工资一个月大概是多少钱？"

招聘方听罢，先是一愣，随即反问道："你自己期望的工资是多少呢？"

孰料，苏亚楠并没有听出招聘方的话外音，同样反问："你们能给我多少？"

几名招聘人员相视一笑，便不再搭理苏亚楠。她左看看右看看，只能尴尬地走了。

作为求贤若渴的招聘单位，需要了解求职者的具体情况，做到知己知彼，很多面试试题因此应运而生。

我们可以把人分为三种：不够自信的人、过于自信的人和有自知之明的人。苏亚楠在应聘过程中这样冒昧地询问招聘者，显得很不礼貌，就像购物时的讨价还价，会引起招聘人员的不快。

俗话说，谈钱伤感情！招聘单位最想了解的是求职者的工作经历、实际能力、工作业绩和任职资格等情况，了解完这些后，才会考虑是否有录用的可能，以及给求职者确定何种待遇标准。

一般情况下，下面三个问题最容易出现在面试官的"摸底"提问中。

第一，探你过去的经历——“你曾经干过什么?”

如果你有一个辉煌的过去，这个环节便是你自我推销的最佳时机。你应该大胆地向面试官展示你曾经干过什么，取得了怎样的工作业绩，尤其要重点突出过往的成熟经验和成功案例。

第二，测你现在的能力——“你现在能干什么?”

回答这个问题要结合自己的能力、特长，说出自己适合干什么，阐述自己足以胜任招聘岗位的理由，并摆出事实，增强说服力。

第三，查你未来的潜力——“你将来想怎么干?”

这个问题主要测试你对面试单位是否做了功课及你的用心程度。面试官会向你“请教”某些问题，回答时要表明自己的看法，不妨向招聘单位提些建议，以显示自己的深思熟虑。

这三个问题是面试官考察应试者有无自知之明的三道必考题，许多问题都由此演变而来，实质大同小异，都是为了测试求职者的自我认知能力。

随堂练习

马萧在面试某企业时，面试官问了她一个比较棘手的问题：“假如你正在兴致勃勃地和同事谈论领导的缺点，这时领导出现了，你该怎么办?”

换位思考：马萧该如何回答这个问题，才能得到面试官的认可?

参考答案：不管什么情况下，出现问题都应先从自身找原因。在背后议论别人，特别是议论别人的缺点，本身就是不尊重他人的行为，应避免这种情况发生。其次，既然领导已经发现，应该

及时主动地与领导沟通，要相信沟通的力量。领导一定有其作为领导的过人之处，无论如何，尊重领导是良好的上下级关系所必需的。俗话说："强将手下无弱兵。"如果领导能力比我强，我却有名师不拜，反倒说三道四，吃亏的肯定是我。要相信这个世界是公平的，是金子总会有发光的时候。

亮点分析：具有自我批评精神的人，永远是清醒的人，是具有自知之明的人，是与成功并行的人。马萧在面对"议论领导被发现"的问题时，首先本着自我批评的原则，主动从自身找问题，并且分析问题、解决问题，主动与领导沟通，相信"强将手下无弱兵""是金子总会发光的"，这种自我认可和对他人表示认可的积极态度，能够帮她赢得面试官的认可。

口才支招

1. 在面试之前，应该先在人才市场了解一下同类工作当前的平均薪资大概是多少，做到心中有数，而且最好不要一开口就先问薪水。对公司而言，一个先了解发展空间的求职者比先问薪水的求职者要有吸引力得多。

2. 面试官询问你对应聘单位的看法时，要挑自己做过功课的部分说，切忌不懂装懂。有时候，说得越多反而错得越多。

3. 不要为了抬高自己而去贬低任何一个人。如果面试官也在贬低某个人，那就说明他在给你设置问话"陷阱"，你更要坚守自己的底线。

“你会什么”比“你来自哪里”更重要

不患人之不己知，患其不能也。

——《论语·宪问》

有很多求职者认为，“师出名门、出身名校”能为自己抬高身价，成为自己轻松打入职场的法宝。是的，一流大学的毕业证书或许会让你的简历在众多简历中脱颖而出。但是，要记住，只知道吃老本是要吃亏的。共事久了，很多人会忘记你来自哪里，而只会记住你做了哪些事情。

问题板

面试中，有一个女孩被面试官问哭了，大致场景如下——

面试官：“请介绍一下你自己。”

女孩：“我叫 ×××，是 ××× 大学的毕业生，在著名美术大师 ××× 的工作室学习艺术学……”

面试官：“你在工作室都做了哪些工作？”

女孩：“这位大师涉及面比较广……”

面试官：“我是问你都做了哪些工作！”

女孩：“……”

你看，这样的对话纠结吗？面试官和求职者都“崩溃”了！这个女孩为什么要一而再地强调自己曾经跟随某某大师学习的经历呢？大师的名号能为她争取到工作吗？话说回来，既然大师那么厉害，为什么不直接把她引荐给公司？

所以说，名师、名校的“金字招牌”不是职场“必胜客”。“你来自哪里”，对面试官来说并不是最重要的；“你会什么”，才是令他们下决心聘用你的决定因素！

实战案例 1：示弱不是妥协

刘永刚在大学里是学校的学生会主席，学生干部的经历让他很受面试单位的青睐。面试官问他：“你当过学生会主席，是吧？请你设想一下，如果你是项目经理，你的两个下属做了两个不一致的方案，各执一词，都说自己有理，你应该如何处理？”

刘永刚：“学生干部看似管理能力和协调能力都很强，但其实也说不上有什么‘光环’，毕竟学生干部工作与职场管理工作可谓天壤之别。如果我是项目经理，我会让他们彼此交换方案，写出修改意见。一个人如果不能倾听别人的想法，只能是孤芳自赏。如果这个问题不解决，这次调解好了，下次还会出现类似的问题。与人共事时太强势，不管出发点是不是好的，必定会引发矛盾，因为与人相处需要懂得示弱。示弱其实很简单，比如，虚心听取别人的意见，关注对方的感受，让他人与你合作有安全感。示弱不是妥协，是更快地达到目标的手段。”

面试官听后，不禁向刘永刚竖起了大拇指。

或许有人觉得面试官问刘永刚这么“成熟”的话题为时过早，但其实，这是在从侧面考察刘永刚的协调能力和应变能力。面试官是考虑到刘永刚担任过学生会主席职务，才给他出了这么一道题。如果刘永刚大量引述他在学生时代如何协调其他学生干部工作的案例，那就大错特错了。但他没有被面试官难住，而是撇开过往的标签，重点叙述自己在给出的情境中会怎么做。他的回答既有协调工作冲突的方法，又有缓和人际矛盾的技巧，可谓是理性与感性、智商与情商的完美结合。

实战案例 2：金子知道自己是黄金

孙强是策划高手，自然想找个薪酬回报高一点儿的单位。他通过网投，找到了一家影视公司。当他在面试过程中与面试官谈论薪酬福利时，面试官说："虽然你来自全国顶尖的策划公司，但是你要求的工资有点儿高。"

孙强说："有的应试者，就像被蒙上一层灰尘的金子，别人还以为它是个泥块，只有金子知道自己是块黄金。我要的薪水跟我来自哪里无关，只因我有把握完成贵公司分配的工作，并且会报以最大的热情。我也理解您的顾虑，任何一家公司都有一套自己的薪酬体系。不过我也知道，任何岗位的薪酬设计都是有标准的，我想我期望的薪酬应该不会突破这个岗位的上限吧？"

孙强要价太高，面试官以为是因为他起点高，但孙强在谈论薪酬时并没有强调自己的起点。因为他明白，过去的工作经历再辉煌也已是过去式，人应该着眼于未来。所以，他打消面试官疑虑的最佳方式就是告诉面试官，他能干什么！

随堂练习

胡戈在面试律师事务所的律师职位时，跟面试官前前后后聊了将近一个小时。最后，面试官说："贵校的法律专业在全国也是

名列前茅的，你的专业实力也毋庸置疑，我想知道你的语言沟通能力如何。”

换位思考：胡戈是怎么向面试官证明自己的？

参考答案：您觉得有多少刚毕业的学生能跟您侃侃而谈，对答如流？我想，我们刚才接近一个小时的交流已经足以说明我的语言沟通能力了！

亮点分析：事实胜于雄辩，说话高手善于引用自己的真实案例去征服面试官。在这个案例中，胡戈和面试官的聊天过程便是最具说服力的素材。

口才支招

1. 不要跟你的面试官说空话、套话，要多说“干货”，告诉对方你能干什么、你能把什么做好，这才是重点。

2. 在能力展示环节，最好能向面试官现场演绎你的实战技巧。记住，别谦虚，自信些，保准能拿分。

第 2 课　个性自我介绍，不再套用模板

自我介绍是向别人展示自己的重要手段，是推销自己、给对方留下良好第一印象的关键。自我介绍好不好，甚至直接关系到下一步的交流顺利与否。在面试中进行自我介绍时，求职者除了向面试官展示个人基本信息，还需要把自己的能力、过往经历，以及对岗位的认知和未来目标阐述清楚，让面试官在短时间内找到求职者与岗位需求的匹配点。

“我叫×××，毕业于×××。”
——还在用老套的模板？

踩着前人的脚印前进，最佳结果也只能是亚军。

——李可染

求职面试时的自我介绍很容易落入他人窠臼，尤其是多人竞聘同一个岗位时，面试官听了千篇一律的介绍会产生“审美疲劳”。而出类拔萃的人，会在自我介绍上多花心思，让自己在众多竞争对手中脱颖而出。

问题板

有些求职者反思自己失败的面试时，发现别人的自我介绍非常精彩，一开口就吸引了面试官，在气势上就压倒了其他人；而自己只会平铺直叙地介绍“我叫 ×××，毕业于 ×××”，毫无新意，从一开始就落了下风。

那么，如何让求职面试中的自我介绍一鸣惊人？如何在千篇一律的自我介绍中脱颖而出？

有一档职场类综艺叫《初入职场的我们》，第一季里被董明珠看好的孟羽童的自我介绍就很值得我们学习。

在面试阶段，孟羽童是这样介绍自己的：

我其实更想给董总介绍下我的个性，如果让我用一种食物来比喻我自己的话，我会选择鸳鸯火锅。

一方面，我认为红汤非常能够描述我这种有热情、爱好很多的个性，比如说我从小学习中国舞，拿到了中国舞最高的等级。

另一方面，我认为自己也有像清汤的这部分，是因为我非常希望像董总一样，在工作中拥有极致理性的个性。我也非常希望得到一位真正的“霸道女总裁”的指点，让我在业务和商业视野上都有一个非常大的提升。

绝妙的口才，加上随后一段热情洋溢的舞蹈，让孟羽童赢得了董明珠的赞赏。

自我介绍类似于现在短视频概念讲的“3 秒完播率”（用户在打开一个视频后，能够继续观看至少 3 秒钟的概率），需要做到精彩前置，因为没有人愿意把时间花在毫无兴趣的事情上。下面介绍几种自我介绍的技巧。

 实战案例 1：成果式——展示成果，积蓄气势

成果式的自我介绍，就是着重展示自己的成果，用成果去抓住并打动招聘方的心。如果能将个人成果组成有意思的排比句，会让你的自我介绍气势磅礴，具有吸引面试官的优势。但是要记住，必须实事求是，不能虚假包装。

原先在某中学任教的柳垂铭研究生毕业后，想换个更有挑战性的工作，于是就来到某职业技术学院应聘大学辅导员一职。他是这样介绍自己的：

"我叫柳垂铭，山东枣庄人，北京师范大学教育管理专业毕业，取得了 1 个硕士学位、2 个学士学位，在校期间曾为学校筹款近 30 万元，获得过省部级以上设计奖 4 个，先后被 5 家报刊报道……"

说完，他递上相关证书原件。负责招聘的副院长听后连连点头称赞。

求职者可以用一些数字来描述自己过去的成绩。例如，搞研发的人可以说出研发成果转化率以及所取得的市场收益，做宣传的可以说说品牌知名度、影响力的变化情况等。即便是在校大学生，也可以用数字来说明学业上的成绩，或者兼职过程中的收获。面试官会因此而觉得求职者言之有物，从而从心理上首先接纳你，认为你确实有才能！

实战案例 2：幽默式——言辞幽默，让自己的话语展现新鲜亲切感

说得生动，说得风趣，从平淡中说出新意，在令人耳目一新的同时，也能给人留下较为深刻的第一印象。例如：

瑞典科学家诺贝尔誉满全球后，曾多次拒绝哥哥要他写自传的恳求，最后不得已写下了一段非常幽默的自我介绍："阿尔弗雷德·诺贝尔，他那可怜的半条生命，在呱呱坠地之时差点儿断送于一个仁慈的医生之手。主要美德：指甲保持干净，不累及别人。主要过失：没有家室，脾气坏，消化力弱。唯一愿望：不要被别人活埋。最大的罪恶：不敬财神。生平主要事迹：无。"

工作面试当然不是一件好笑的事情，但这并不意味着幽默对你没有帮助。幽默的语言可以舒缓情绪，让你和面试官都放松心情，还可以消除尴尬。例如哑剧表演艺术家王景愚就有一段趣味十足的自我介绍：

我就是王景愚，表演《吃鸡》的那个王景愚。有人说我是多愁善感的喜剧家，实在是愧不敢当，我只不过是个"走火入魔"的哑剧迷罢了。

您看我这 40 多公斤的瘦小身躯，却经常要负荷许多忧虑与烦恼，而这些忧虑与烦恼，又多半是自找的。我不善于向自己所敬爱的人表达敬与爱，却善于向憎恶的人表达憎与恶，然而胆子并不大。我虽然很执拗，却又常常否定自己。否定自己既痛苦又快乐，我就生活在这种痛苦与快乐的交织网里，总也冲不出去。

在事业上，有人说我是敢于拼搏的强者；而在复杂的人际关系面前，我又是一个心无灵犀、半点不通的弱者。因此在生活中，我交替扮演着强者和弱者的角色。

王景愚的这番自我介绍是轻松自如又不失风趣幽默的。其亮点在于，他没有借别人的赞誉之词大吹大擂，而是严厉剖析自我，屡屡触及自己的性格弱点。正是将这种对生活的严谨揉入了自己的表演之中，他才会让作品如此耐人寻味。试想，如果这是一位演员在试镜前的自我介绍，将会多么吸引导演啊！

实战案例 3：引用式——引水成渠，让自我介绍更具说服力

引用式的自我介绍，就是引用他人的话语，比如别人对自己的评价，向面试官展示自己的能力。例如，李可凡在应聘一家设计公司的产品设计员时，便采用了引用式的自我介绍，效果不俗：

“孩子，你真是聪明，将来一定是个发明家！”说这句话的是我的姥姥，她在我很小的时候就夸我捏的泥人好。“李可凡同学真棒，他不仅能表达出自己的想法，还能为他将要制作的手工品画出解析图。”这是我中学时美术启蒙老师对我的夸奖。“你的创意很好，如果能在电脑上建出模型，我可以帮你推荐给市场上的朋友。”这是我大学时期的产品造型设计老师对我的夸奖。这便是我，一个从小到大都对创意和设计抱有很大兴趣，并且赢得身边人认可的产品设计员，我的名字叫李可凡。我喜欢设计产品，因为我喜欢这种从无到有的过程。在我的雕琢下，许多纸上

的创意设计变成了实实在在的成型产品，这让我很有成就感。当然，我也像是一件亟待雕琢的产品，初出茅庐，期待懂我的人给我指导，让我成器、成材，谢谢！

这种引用式自我介绍的好处就是让自夸的部分不显做作，并且让人感觉很有故事感。在引述别人对自己的评价时，也展示了自己的能力和成果，可谓一举多得。特别是对于设计、创意类工作的应聘者来说，一个独具创意的自我介绍不正是一个活生生的创意案例吗？这类求职者不妨在创意方面多下功夫。

随堂练习

播音与主持专业毕业的潘安安在面试某省电台主持人职位时，该如何自我介绍才能“征服”这些专业评委呢？

换位思考：潘安安怎么介绍自己才能赢得评委“芳心”？

参考答案：我叫潘安安，我名似潘安，貌赛潘安。我上知天文，下晓地理，出口成章，提笔成文，懂播音，会主持！可是我都毕业快半年了，却天天在家吃方便面。我寻思我这人也不太差，怎么找了这么多家，要么是石沉大海，要么是面试后杳无音信，到底是怎么了？

我百思不得其解，现在我才明白：“世有伯乐，然后有千里马。”感谢诸位伯乐能在众多简历中挑出我。我认为电视是一扇窗，当你打开这扇窗时，你我之间就开始了真诚的交流。主持对我来说是一项充满魅力的事业，拥有广阔的发展空间，我心甘情愿地为之付出、为之奉献。

亮点分析：适度幽默的自我介绍，能在短时间内迅速吸引面试官，拉近求职者与招聘者的心理距离。

很显然，潘安安在这段自我介绍中风趣幽默地介绍了自己的能力、怀才不遇的“委屈”和自己对电视主持的见解。这样的自我介绍会在很多千篇一律的介绍中脱颖而出。面试官可以通过以上介绍了解到求职者是一个外向活泼、善于表达和交流、遇到压力能自行化解的人，谁不想和这样一个风趣开朗的人共事呢？

口才支招

1. 首先要全面、清楚地介绍自己，别让面试官问第二遍你的个人信息。

2. 自我介绍时，可以带上“道具”，比如你的作品、你曾经研发的产品等，但不要暴露你上一份工作的商业机密，这是原则问题。

3. 自我介绍可夸张，可议论，可抒情，但都要以客观事实为依据，不能信口开河，把自己吹得天花乱坠。

4. 当然，成功的自我介绍的方法远远不止以上几种，但是万变不离其宗，自我介绍最重要的就是把自己“推销”出去。

这样瞎忽悠，“贵公司”只能下逐客令了

酒逢知己千杯少，话不投机半句多。

——《名贤集》

前面说过，自我介绍是求职者向招聘单位郑重提交的一份答卷，是与面试官交流的一次大好机会。但是，如果交流之中话不投机，那么面试官就会觉得厌烦了。

问题板

“我理想的工作地点是……”

“我的工作必须满足这样的要求，否则……”

“要不是因为原先那公司 ×××，我早就升职了……”

如果你是某公司的 HR（Human Resources 的简称，即人力资源、人事），你在招聘现场听到某些面试者如此大言不惭的自我介绍，你会怎么想？

“这样的人不能要！”

当然，在面试现场，HR 不会把自己的好恶写在脸上。但可以肯定的是，面试官会把这些求职者的简历丢进“垃圾桶”。

在做自我介绍时，语言谦恭有礼、措辞得当，才会得到用人单位的青睐；反之，如果用语不当，就可能导致求职失败。下面就来看看求职者在自我介绍中经常会犯的一些毛病。

反面教材 1：讲出限定性要求，暴露自我中心

面对竞争激烈的岗位，求职者的迫切心情是可以理解的，但要明白一个道理：当你走进面试现场的时候，左右求职结果的主动权就已经交到了面试官的手里。所以，即便你再优秀，也不要给招聘单位限定回复的时间或过于限定自己的意向职位、工作地点等。

“尊敬的领导，您好！我是李名贤。在这几年的学习生涯中，我深深感受到：过去的成绩并不代表未来，勤奋是成功的基石，是玫瑰总会开花，是雄鹰定会翱翔高空。唯有不断认真踏实学习，才能做好本职工作。我应聘的职位是安防系统工程师，因为这是我的兴趣，也是我的专业所长，对其他职位我并没有太大的兴趣；我是土生土长的济南人，我理想的工作地点只能在济南。在这样一个信息快速发展的时代，我也想在最短的时间内寻找到知我懂我的伯乐……”

李名贤还没说完，在场的招聘人员便打断道：“对不起，这位同学，我们公司是全国性招聘，具体录取结果和工作地点也是等全国的招录结果出来之后才决定的。”

李名贤自我介绍的突出特点在于运用比喻的修辞手法表达自己对求职岗位的自信与激情，试图以此吸引面试官的眼球。但是，且不说他的自我介绍过于公式化、形式化，其结尾处近似命令的口吻就让人难以接受。他给求职单位限定工作地点在济南，职位也限定为安防系统工程师，表现得不够理智、有失礼貌，也不够真诚。具体工作地点的分配是求职单位的事情，最终要由对方安排决定，求职者是万万不能“发号施令”的。

反面教材 2：讲出恭维奉承的话，暴露不正之风

求职时，求职者为了表示对应聘单位的诚心向往，通常会对应聘单位做出积极评价。评价时注意一定要实事求是、恰如其分，不能夸大其词，也不能滥用奉承语恭维对方。

“我叫刘维光，是一名即将走向社会的大学生。本人注重思想品德修养，严格要求自己，学习成绩优秀；在校期间积极参加学生组织的活动，有学生干部经历，具有组织策划活动的能力。众所周知，贵公司是闻名遐迩的中外合资企业，在国际上有很强的影响力；董事长更是一表人才，知人善用，在业内拥有良好的口碑，做人做事光明磊落。如被贵公司录用，我一定会好好工作，努力为公司创造效益。在公司领导的栽培下，我一定不会辜负各位的期待……”

招聘人员听到他连番恭维，连忙示意其暂停：“没错，我们确实是中外合资企业，但‘在国际上有很强的影响力’仍是我们追求的目标。我想问下，您见过我们‘一表人才’的董事长吗?”刘维光被这么一问，尴尬得红了脸。

按道理来说，应聘者刘维光在校期间的表现还算比较优秀，他对自己学业知识和能力的评价还算客观真实。但可惜的是，他对应聘单位以及公司领导阿谀奉承、过度谄媚，难免令人不屑。试想一下，这样一个充满世俗气的大学生，一旦进入公司，会带来什么样的风气？所以，招聘人员也听不下去了。

这告诉我们，在求职的自我介绍环节一定要实事求是，不可为了能成功应聘而溜须拍马，招人厌恶。

反面教材 3：讲出自我吹捧之语，暴露狂妄自大

古话说“知人者智，自知者明”，这提醒我们做人做事要有自知之明。求职者在面试官面前需要表现出自信的状态，但自信不是自傲，更不是自恋、自狂。若表现出一副无所不能的样子，

那令人生厌是必然的。

“各位面试官，大家好！古话说：‘不积跬步，无以至千里。’我正是被雪藏多年的宝马，为博伯乐一笑，我积蓄了半生的能量。今天，我是奔着贵公司经理助理的职位而来的。我毕业后，一直从事外贸工作。在上一家公司，我主要负责市场拓展工作。在工作中，我积累了丰富的经验，表现出了卓越的领导才能和非凡的管理、策划能力。同事们都说，我是领导干部的苗子。贵公司经理助理之职，我梦寐以求。我这次来应聘，是觉得这个职位非我莫属！这些都是我取得的一些微不足道的成绩，请各位面试官审阅。”介绍完自己，卞广阳递上了自己的资料。

面试官接过资料，问：“既然你在上一家公司干得很好，同事们也很欣赏、推崇你，你为什么还要跳槽到我们单位？”

“不瞒您说，我要是在原来的单位干下去，提个副经理是没问题的，只是我想换个大公司，之前的公司就二十来个人，感觉升职空间不大。”卞广阳解释道。

面试官莞尔一笑，说道：“我们招聘的员工有相当一部分要去各地的分公司就职。所以，恐怕要让你失望了。”

不难看出，这是位有多年工作经验的求职者。这样的求职者经验多、上手快，能为公司节省人力成本，一般会受到企业的偏爱。

但遗憾的是，卞广阳的自我介绍多以经验自居，自以为是，还称自己是“领导干部的苗子”，并讲出经理助理之职“非我莫属”的狂妄之语，根本没有把其他竞争者放在眼里。这样目中无

人的求职者怎么能处理好人际关系，与同事们共事合作呢？更让人不舒服的是在答辩环节，卞广阳仍狂妄不减，断定自己在原单位干下去会被提拔成副经理，让人大跌眼镜。如此，面试官只能委婉地下一道“逐客令”了。

口才支招

1. 求职者的自我介绍是与招聘单位近距离交流和沟通的桥梁。在此环节中，要注意使用规范、礼貌且具有特色的语言，切忌讲些奉承、狂妄之语，或者对工作提出各种限制条件等。

2. 如果你对应聘单位有要求，不是不能提出来，而是要把握说话的方式和时机。其实很多问题是完全可以慢慢商量的，为什么要急着在面试时拍板呢？切记，心急吃不了热豆腐！

“王婆卖瓜”是你必备的吆喝口才

王婆卖瓜，自卖自夸。

——民间俗语

我们中国人一贯认为谦虚就是美德，很多人会认为自我表扬是在说大话，是“王婆卖瓜”。所以，现在很多人引用“王婆卖瓜，自卖自夸”这句俗语时，多是带有一点儿贬义去点评某人或某商家的自我宣传和推销的做法。

殊不知，在竞争激烈的当今社会，过于谦虚有时也会成为影响个人职业前途的缺点。其实，王婆卖瓜的前提是讲诚信，只要是在诚信基础上自夸，便可以“夸”出好工作。

 问题板

我们在面试时，想全面地展现、推销自己，所以都想多说说自己的优点，但又害怕说得过多，惹来自卖自夸的嫌疑。

此时，我们该如何“吆喝”，才能让面试官更加赏识我们，坚定录用我们的信心，而不是让对方感觉厌恶呢？

反面教材：千里马至死也不明白世人为何如此对它

从前有匹身材瘦小但体质很好的千里马，它健步如飞，可日行千里。唯一遗憾的是，这匹千里马混在众多马匹之中，没人知道它的能力。一天天过去，这所马场的马陆续被买主买走了，这匹千里马却始终无人问津。但这匹千里马并不为所动，甚至在心里耻笑那些被早早牵走的马是平庸之辈，对那些买主更是不屑一顾，认为他们目光短浅。久而久之，马场的老板对这匹马渐渐没有了信心和耐心，给它的草料越来越少，质量也越来越差。但千里马仍信心十足，它相信总有一天会有伯乐相中它的。

一天，马场真的来了一位伯乐。千里马心想，这下机会来了。伯乐拍了拍马背，要它跑跑看。千里马见伯乐如此举动，心里很是不快，心想，如果是伯乐，肯定一眼就会相中我，为什么还要我跑给他看呢？这人一定不是真伯乐！于是千里马拒绝奔跑。伯乐失望地摇摇头，走了。

又过了一段时间，马场里只剩下这一匹马了。无奈之下，老板只好把千里马杀了，拿到街上卖马肉去了。

总有一些人慨叹自己英雄无用武之地，就像这匹千里马一样。他们认为自己有能力、有想法，但往往自恃清高，喜欢处于被动，喜欢被人需要。正是这种心理作祟，让他们失去了一次又一次机会。这个故事中，千里马的下场虽然可悲，但却是自找的。

是骡子是马，不遛不知道。求职路上，只有让面试官觉得你“值得”，才会给你“职位”。

实战案例：如果董事长迟到了，一“方”一“圆”就能搞定

苏舜华任职的一家电器企业效益不好，企业基本面临解体。这天，恰巧另一家企业招聘管理人员，苏舜华和单位的几个同事一同去应聘。过五关斩六将，最后面试他们的是公司的董事长。在小组面试时，董事长告诉苏舜华和一同面试的几位新人，这个岗位隶属于公司的行政部门，非常重要，然后问了两个问题：“你们为什么要应聘这个岗位？如果我早晨迟到，你们会如何处理？”

苏舜华说：“第一，我认为我有一定的管理能力和管理知识；第二，我相信我在执法时能够公正公平地处理任何事情、对待任何人。不管是董事长还是普通员工，在制度面前人人平等，凡事讲究公平公正。只有这样，公司才会成为管理规范的企业。”说到这里，她停顿了一下，又说：“可是，无论做什么都不能绝对，有时也要具体问题具体分析，不能搞绝对的‘一刀切’。都说‘没有规矩不成方圆’，可规矩是死的，人是活的嘛！‘方’是个性，体现原则，以及在一些问题上的立场；‘圆’是情感，为了大家都好，在不失去原则的前提下，适当地做出一些让步、一些妥协，

可以尽量求得一个圆满。”苏舜华答完之后，看到董事长对她投来了赞赏的微笑。面试的结果是，只有她一个人被录用了。

其实，“王婆卖瓜”是王婆睿智的宣传之道，是一种正规的推广手段。在上面的案例中，正是因为苏舜华当了一回自卖自夸的“王婆”，而且选择了“方圆并重”这样一种恰当的处理方式，才在招聘中脱颖而出。这样的“自夸”，实际上是发自内心深处的一种自信、一种勇气。这种求职状态是招聘单位非常看重的。

随堂练习

美国勃罗克林一家大型医院正在进行基础设施建设，希望建成全国最好的放射科。消息一传出，许多X光透视仪器制造商都去找该科主任推销自己的产品，结果却都无功而返。这时，某家医用放射仪器制造商花重金聘请业务员。正在商学院读二年级的卡尔毕德准备去尝试一下。招聘方出了这样一道题目：“如果我们厂去推销，你该以怎样的方式去推销才能不被拒绝呢?”

换位思考：如果是你，你该怎么推销呢?

参考答案：卡尔毕德沉思片刻，说：“我会给那个招标医院放射科的主任打电话，就说：‘我厂最近生产了一种新型的放射线装置，第一批成品刚刚运到门市部，有许多优点与新功能，试用的人都赞不绝口，市场潜力巨大。但我们厂还想做进一步的改进。您是这方面的专家，既有理论，又有实践，我们诚挚期望您能在百忙之中光临我院检验一下这种装置并提出改进意见，以便更好地适应你们这些高水平的放射科使用。’只要该科主任应邀前来，

再进行推销便不在话下，我一定能推销成功！”

后续跟踪：果不其然，该科主任应邀前来，他仔细检验了机器装置，并兴致勃勃地阐述了自己丰富的经验和对机器的评价。他说：“鉴于贵厂有这种诚恳谦逊、精益求精的可贵精神，为了配合贵厂的科研与产销，我院决定订购贵厂的机器！”卡尔毕德也因此找到了工作，并且还获得了一部分额外的业务提成奖励，可谓一举两得。

亮点分析：卡尔毕德在面试中能获得考官的认可，得益于他大胆的自夸与夸人——自夸企业产品质量好，也夸对方主任的水平高；同时还自夸自己的能力强，让面试官看到了亮点。可见，自卖自夸也是可以有所成就的。

口才支招

1. 自夸归自夸，千万别掺假，别说大话。万一面试官让你一展身手，你却无计可施，那只能是“说嘴打嘴”，自己出丑。

2. 把你的能力和潜力包装到你以往的成功经历中。

第 3 课　你的“正能量”口才，真的管用

社会上曾一度流行“正能量”一词。正能量传递自信、豁达、愉悦、进取的精神，健康积极，催人向上，好比一个“磁场”，可以向外辐射积极、乐观的能量。

所以，求职时推销自己，要学会用积极的心态调整自己，引导自己远离消极情绪。只有用你自身的正能量感染身边的人，感染面试官，你才能打动面试官，拿到职场通关卡。

好品质就是你的“自荐书”

人之立身，所贵者惟在德行。

——〔唐〕吴兢《贞观政要》

在北宋司马光主编的长篇编年体史书《资治通鉴》中，有一段值得我们现代人玩味的论述：“才德全尽谓之圣人，才德兼亡谓之愚人，德胜才谓之君子，才胜德谓之小人。”这不愧是最高的用人之道：才，是德的辅助；德，是才的统帅。虽然这是近千年前的观点，但对于一个渴求基业长青的企业来说，这可谓是选拔人才的不二法则。

问题板

一个小师弟曾经向我抱怨：“××单位的面试官太没有识人的眼光了，明明我各方面都比另一位面试者能力强，笔试成绩也比对方高出一大截，可他还是没录取我。”

我听完，笑着对他说：“如果按成绩录取员工，那么这单位就成学校了。”

企业讲究利益至上，希望在招聘中寻求更多能为企业创造利益和价值的人才。但在实际招聘中，许多运作成熟的企业并不会被求职者的学历、证书、背景等条条框框限制，失去真正的可用之才。能力固然重要，但求职者的品质好坏在很大程度上也影响着用人单位的取舍。也许你能力上差一些，没关系，因为能力通过努力可以提高，但人品不行就难说了。

实战案例1：柯素丽的热心肠

柯素丽参加了某幼儿园在露天广场举行的幼师招聘。尽管当天天气闷热，前来应聘的人还是很多。忽然间，天气突变，狂风卷着乌云涌来，眼看就要下雨了。这下可把幼儿园的招聘人员忙坏了——为了考核幼教的基本授课能力，这个幼儿园刚运来一批儿童玩具用于日常工作的现场模拟。一见要下雨，工作人员只能暂停面试，手忙脚乱地收拾玩具。

看见面试人员忙其他事了，有些应聘者觉得当天的面试会因天气情况取消，索性直接回家了。而柯素丽心想，反正今天也不一定能面试了，不如留下来搭把手。于是，她主动上前帮着工作人员收拾东西。大雨哗啦啦地倾盆而下，柯素丽被雨水淋湿了，为面试新买的衣服也被弄脏了，很是狼狈。二十分钟后，雨停了，面试改到幼儿园内继续进行。柯素丽心想：就我现在这副形象，肯定第一轮就会被刷下来。

然而让她意想不到的是，三天后，幼儿园通知她去报到。

印度有句古话说："赠人玫瑰，手有余香。"柯素丽的成功并非因为她学业成绩比其他人优秀，也并非因为她心理素质比别人强，而是因为招聘方看到她有助人的爱心，而爱心正是幼教工作特别需要的。所以，企业选择人才，德是基础，是一切的先决条件。

实战案例 2：李志斌的善心

李志斌到国贸大厦应聘安保岗位。物业部门的面试官见他体格健硕，又是体校毕业生，就对他格外留意。面试官问："假如某个周末，你负责的楼层发生了失窃，恰巧当天楼层只有两名清洁工人打扫卫生，你作为该楼层的安保负责人应该如何处理？"

李志斌说："发生失窃是安保人员的责任，我首先应该自我反省，是不是自己的疏忽和失误给业主造成了财物损失；其次，我会积极调查是否有相关嫌疑人员。"

"现场有两名清洁工人。"面试官提醒道。

"尽管有两名清洁工人在楼层作业，但也不能直接断定他们就有偷盗嫌疑，只是存在有嫌疑的可能。我会调查丢失的物品与嫌疑人有无直接利益关联，如果丢失的物品根本不是清洁工需要的，或者与清洁工自身操作能力不匹配，只有专业人士才可能盗窃和

转移，那就首先应该相信他们是清白的。当然，我也会调查两名清洁工人的背景情况，在没确定之前，不会对他们进行有罪推定。我会报警，请警方介入，毕竟他们在侦查方面更加专业，手段也更先进……”

面试官频频点头，果不其然，李志斌当天就拿到了试用通知。

面对以上情境，或许有人会说，应该对两名清洁工人严加盘查，不放过任何蛛丝马迹。但李志斌很有智慧，他首先对两名清洁工人给予信任，这是对同事最起码的尊重，是善的突出体现。如此品质就足以打动考官，让人相信他最起码不会为了推卸责任或者谋求个人利益而去主动冤枉和陷害他人；此外，他还条分缕析地阐述了自己的工作思路。如此遇事沉稳、心地善良的李志斌，自然是招聘方喜欢的“香饽饽”了。

随堂练习

刘双喜退休后，想找个工作赚些外快，顺便充实自己的退休生活。这天，他看到市区洗浴中心招聘推拿师，想到自己曾经跟一个老乡学过，于是便抱着试试看的态度去面试。没想到，面试官问了他一个比较棘手也相对极端的问题：“一天，你为顾客做完推拿，去浴室冲澡，推门进去，突然发现一个同事正在悄悄拿其他同事的洗浴用品。此时，你只要大声一喊，就可以惊动所有洗澡的人，但是，这个同事的前途可能也就完了。作为一个有正义感的人，你该如何做呢?”

“这……”刘双喜沉思片刻，说：“我会赶紧走出浴室，在外面干咳一声，然后再走进浴室。”

面试官问："你为什么不直接喊出来呢？这可是让这个无耻小人身败名裂的好机会啊！"

换位思考：如果你是刘双喜，怎么解释才能让面试官对你高看一眼？

参考答案：这件事当场揭穿的确对这位同事不利，但我想，他也可能只是一时鬼迷心窍，我相信人性本善。事后，我会找他谈一谈，让他保证不再犯类似的错误。如果他能改正，我也不忍心看到同事因为一时失误就栽倒在这件事上。

亮点分析：面对一些鸡毛蒜皮、无关紧要的矛盾，我们可以大事化小。要是上纲上线，无限放大，就会形成破坏力，把人与人之间仅存的面子无情撕碎，引起无休止的争斗。当同事一时糊涂时，刘双喜不是一棒子打死对方，而是给对方留有余地。一番回答，表面上刘双喜似乎"是非不分"，其实是大智若愚、有大智慧。他宽阔的胸怀和高尚的品格无疑为自己加了不少分。后来，刘双喜不仅应聘成功，还被聘为推拿中心的督导，负责推拿中心的日常管理工作。

口才支招

1. 切勿前后不一，自相矛盾。一方面夸耀自己具备多少优秀的品质，一方面言行中透露出的三观却与之背道而驰，这样是很难树立自身良好的形象的。

2. 不要为了标榜自己而杜撰故事，一旦被面试官看穿，你就会被直接打入"冷宫"。

求职不是求人，要释放“正能量”

当你抱怨时，你的生命力就会变弱。

——〔美〕奥普拉·温弗瑞

面试环节难免会出现氛围紧张的局面，也难免会发生说话语无伦次的情况。而且，面试官也会针对求职者最薄弱的环节进行提问，颇有专攻“软肋”之势。面对这种情况，我们更要积极地去展现自己身上一些“正能量”的因素，这样才能在面试中取得理想的效果。

问题板

“面试官您行行好，请您务必留心一下我的简历。”

“祈求公司能给我一次机会，我定会付出百分之百的努力，创造最大价值。”

很多求职者为了提高自己的成功率，都向面试官说过类似祈求的话语。其实，这种行为是求职中的大忌，甚至会让面试官认为你软弱无能，只会磨嘴求人。

实战案例：释放“正能量”，巧化劣势为优势

现年39岁的某公司会计万桂全下岗了，为了维持生计，他到一家塑胶公司应聘会计职务。面试官听完其沉稳有序的自我介绍后，却皱起了眉头：“你的其他条件都很合适，可你的年龄超过

我们‘35周岁以下’的要求了。”

很明显，这的确是万桂全求职的致命伤，但他并没有因此而消极或苦恼，而是诚心诚意地对面试官说道：“我很理解您的担心，许多工作的确需要在年龄上做出适当的要求，比如舞蹈、体育、某些服务行业等，适合年轻人来做，这可以理解。但对于会计这个职位来说，工作能力跟年龄在一定程度上是成正比的。三四十岁的年龄，正是工作经验比较丰富的时候；而且随着年龄的增长，责任心强了，年少的浮躁轻狂少了，积极上进的追求还在。贵单位要是聘用我的话，不用花额外的培训成本就能得到一个‘熟手’，而且我的加入将会减少贵公司的离职成本，因为我会将生命中最好的十余年奉献给贵公司。”

听到这里，面试官频频点头，打算给这位超龄应聘者再次就业的机会。面试官说：“我相信一句老话，‘姜还是老的辣’。希望你能尽快地适应我们年轻化的团队和快节奏的工作环境，更期待你能将自己身上的优点传授给这些初入职场的年轻人。”就这样，万桂全拿到了自己应聘职位的录用通知。

时下，许多招聘信息中都对应聘者的年龄做出了明确规定。面试官提出的“年龄过大，不符合招聘要求”这一问题无疑击中了万桂全的“软肋”。对此，万桂全沉着应对，指出对于会计职业而言，三四十岁的年龄正是经验比较丰富的时候，能更好地为公司服务，省去公司的培训成本，化劣势为优势，让对方了解到相对于年龄的短板，自己能够带给公司的益处更多；随后他坦言自己“会将生命中最好的十余年奉献给贵公司”，既说明了自己的加入会减少公司的离职成本，又委婉地向面试官表达了自己对

公司的忠诚，从而最终获得了心仪的职位。

可以看到，万桂全之所以能获得面试官的认可和破格录用，正是因为他的话语中充满了“正能量”。他没有抱怨自己的现状，也没有刻意去掩饰自己的“劣势”，而是用乐观的态度看待工作，给人一种积极向上的力量，也给人一种潜在的可信任感，这便是“正能量”的力量所在。

反面教材：“诉苦式”求职，你“踩坑”了吗?

与万桂全不同的是，一位年轻力壮的求职者马功成却在面试时大倒苦水，结果因为谈吐中太多的“负能量”而在面试中失利。

面试官让马功成介绍一下自己的经历和家庭环境。马功成一开口就讲自己家境不好:“我家住在秦岭深处，交通极为不便，家里经济情况很差。为了供我上大学，家里欠了一屁股的债不说，父亲还因为想多挣钱而受人蛊惑，误入了传销圈。他为了摆脱控制，跳楼摔断了腿，现在生活起居还得靠我母亲照料……”面试官正准备打断他时，马功成继续喋喋不休地说:“不怕你们笑话，我现在真的很揪心。自己念书欠的债，什么时候才能还清啊?现在找工作又这么难!所以我真的很希望贵公司能给我一次机会。如果你们给我一个机会，我一定……”

说到最后，马功成语带哽咽，让诉苦的气氛越发“悲壮”。在场的几名面试官束手无策，不知如何劝阻，自然无法进一步了解马功成的其他情况，最终面试在尴尬的氛围中不欢而散。

面试不是闲聊，不能够信口开河想说什么就说什么。招聘会不是“诉苦会”，企业更不是“救助会”。然而，一些求职者在面试时，却像马功成那样大倒苦水：不是说自己经历过多少不幸，就是强调家庭负担如何沉重，自以为能引起面试官的同情。殊不知，这样非但得不到面试官的同情，可能还会让面试官倒胃口。

求职者推销自己时，应该充满正能量，给面试官正面的、积极的感召力，过多负能量的言语会让面试官失去继续倾听的兴趣。

随堂练习

张楚家境不富裕，而且家里兄弟姐妹比较多，所以，他中专毕业后就参加了工作。为了更好地适应工作，他不断自学，还准备读个函授班。最近，张楚去一家广告公司应聘。面试官看了他的教育背景后，对他说：“刚才看了你的操作能力，我相当满意，但我们要求本科以上文凭……”

换位思考：张楚被面试官戳中了“软肋”，应该怎么帮他救场呢？

参考答案：我知道，在大多数情况下，受教育程度越高人才越优秀。但我相信能力不一定与学历挂钩，公司在根本上最看重的还是个人能力。而且，不是大学毕业的人，由于自知处于劣势，反倒会对交给自己的工作更加重视，工作起来也比某些大学生更为敬业。另外，我现在一直在利用业余时间进修，再有两年，我也可以拿到本科文凭了。

亮点分析：张楚只有中专学历，相对于应聘单位本科以上的学历要求，这一“劣势”是不言而喻的。但张楚以退为进，先承认面试官的观点“在大多数情况下，受教育程度越高人才越优秀”，避免了针锋相对地与面试官相抵触，从心理上营造出一个

融洽的交谈氛围。然后他话锋一转，谈到“能力不一定与学历挂钩”，并指出自己“自知处于劣势”，对交给自己的工作会更加重视，最后又说明自己一直在利用业余时间进修，会尽快补齐“短板”。张楚的话有退有进，有守有攻，疏而不漏，为他应聘成功奠定了基础。

口才支招

1. 要善于多角度思考问题，不要把思维局限在某个范围内。

2. 心若向阳，花自盛开；人若向暖，清风徐来。保持积极向上，充满正能量，以阳光般的心态面对生活，自然会得到好的结果。

3. 抱怨如同喝海水，只能越喝越渴。所以，面试时切勿抱怨。

巧妙说出你的兴趣，拿下心仪的岗位

我认为，对一切来说，只有热爱才是最好的教师，它远远超过责任感。

——〔美 / 瑞士〕阿尔伯特·爱因斯坦

兴趣是最好的老师，它推动着我们主动去求知。求职中，面试官也会青睐对自己所招聘岗位感兴趣的人：有兴趣，就会激发新员工主动学习的热情，使新员工很快进入职场状态，为公司省去各种不必要的人力培训。所以，兴趣爱好是许多面试官喜欢询问的话题，根据求职者的回答，面试官可以侧面了解求职者的性格、观念和心态。

 问题板

有不少人是考试高手，逢考必过。但是面试现场经常会出现这样的现象：面试官拿着一沓高分的笔试者名单，却又一个个地摇头否定了。

这是为什么呢？因为在面试环节中，面试官如果看出了你对所投岗位兴趣度不高，只是抱着试试看的态度，就会找理由让你离开。所以，对一个岗位感兴趣一定是好事，如果能很好地表达出你的兴趣，就更能打动面试官了。也就是说，你的兴趣很“值钱”！

实战案例：导购女多男少？那我就留下干些脏、累、重的活吧

陈言兴在应聘某运动品牌店的导购时，经理问：“导购的岗位大都是女孩子应聘，你为什么会对导购感兴趣呢？”

“我从小就喜欢运动，这个牌子是我最信赖的运动品牌。应聘导购主要是基于我的个人兴趣，我爱交流、善表达，这很符合导购职位的要求，您不觉得一个爱这个品牌并且懂这个品牌的人，能更加真诚地向顾客介绍产品吗？其次，导购女多男少，这是现实，但是我可以干一些脏、累、重的工作，我有的是力气。”

面试经理听后频频点头。当天，陈言兴便接到了录用电话。

面试官通常会考察求职者的价值观是否与企业文化吻合，这可以通过应聘者的兴趣爱好做出初步判断。陈言兴便是在这方面显露出了自己的优势。“爱交流、善表达”，陈言兴的这些“个人兴趣”，也是导购应有的基本品质，是与其所应聘的职务相匹配的，再加上他对导购员女多男少的问题给出了合理的回应，赢得岗位便也在情理之中了。

不过，在向面试官阐述自己的兴趣时，要注意把握好“度”，否则反而会弄巧成拙。

反面教材 1：错把自己的偏门兴趣当成值得炫耀的个性

并不是所有的兴趣都适合在面试场合来说，更重要的是，我们应该趋利避害，不要过多地暴露自己的不足。比如，某些爱好在大众眼中有些消极或者另类，会让人感觉你不好相处，说出来反而对面试不利。所以，在谈及自己的兴趣爱好时，切记不要将自己偏激的或过于特殊的兴趣说出来。

美国女孩安巴妮在应聘宠物店推广员时，被面试官刷了下来。面试官问：“你喜欢宠物吗？请具体地谈一下你对这份工作的兴趣点！”

安巴妮说：“我非常喜欢小动物，从小我们家就养了一些猫猫狗狗。虽然我们没有把它们当成宠物去养，但我很喜欢和它们相处。”

面试官继续问：“你喜欢它们什么呢？”

“我喜欢看它们互相打闹的样子。比如，我给小猫喂食物时，小狗会过来抢食吃，小猫嗖地一下，就给小狗一爪子。当然，小狗也不服输，反过来……”

“好了，我知道了。”安巴妮还没说完就被面试官打断了。

安巴妮为何遭到拒绝？很显然，她在谈论自己对宠物的“兴趣”时，误把动物“厮杀哄抢”的细节描述为自己的乐趣，导致面试官感到她的个性有些冷酷无情。然而，宠物饲养最需要的便是爱心。作为宠物店推广员，如此“冷血”，谁还敢把宠物交给她管理？

如果你独特的兴趣爱好确实与应聘的工作相关，那就不要掩藏；但如果是会给人以负面联想的兴趣，那就要在表达时注意掩饰，否则，负能量的兴趣只能为面试减分。

反面教材 2："踩"一"捧"一，贬低他人的爱好

“闲谈莫论人非”，在谈论自己的兴趣时，不要用别人的兴趣做对比。通过抨击或贬低他人来抬高自己的行为，是最不可取的。

刘思潭在参加某报社安排的一场校园招聘面试时，招聘负责人问道：“在大学四年期间，你做过的最感兴趣的事情是什么？”

“我喜欢安静，看书就是我最感兴趣的事情，我觉得多读书对自己是有好处的。”随后，他谈起了自己的室友：“我有一个室友，喜欢玩音乐，还真把自己当成音乐家了。他组织了一个乐队，平时没课就排练，弄得寝室里很吵很乱，害得我只能去图书馆看书。毕业了，他的乐队解散了，自己的工作也遥遥无期，真替他担心啊。”

“看来，你还是个热心肠的人啊，等我们的通知吧。”招聘人员听罢刘思潭的话，让他回去等结果。可左等右等，刘思潭始终

没有等到录用通知。

你看出刘思潭失败的原因了吗？对，正是因为他在面试中跟面试官谈论自己的兴趣爱好时，贬低了其他人的兴趣爱好。这样的应聘者给面试官的感觉是攻击性太强、不宽容。另外，如果面试官恰巧就有被应聘者贬低的爱好怎么办？所以，记住这句话：贬低他人，抬高不了自己！

反面教材 3：把自己的兴趣爱好说成嗜好

凡事过犹不及，爱好也要有度。和面试官讲“兴趣”时，记住要讲到适度为宜，不能把爱好讲成嗜好。

王健应聘一所培训学校的体育教师职位时，校方负责人问：“我看你在简历上申请的职位是篮球教师，你对这个职位了解多少呢？”

“您看我的体格就知道，我对篮球非常感兴趣，几乎所有的篮球联赛、季度赛还有各种小组邀请赛我都会观看。尤其是我喜欢的球员的比赛，我几乎每场都关注，甚至不惜熬夜。凭着对篮球事业的热爱，我一定会化兴趣为动力，做好自己的本职工作。”

没想到听完此话，校方负责人找了个理由便结束了面试。

王健在述说自己兴趣爱好的时候就犯了一个致命错误——将爱好描述成了嗜好。熬夜看球难免会给人以耽误第二天工作的顾虑，所以，面试官未选择他也就不难理解了。

口才支招

要将自己的兴趣描述得与所应聘的职位相匹配。应聘者在谈论个人的兴趣爱好时，应该选择与岗位要求密切相关、能说明自己具备某种工作能力的兴趣爱好。比如，你应聘的工作需要你有“静”的品质，那你就不能过多地展露自己“好动”的性格；再如，如果你去应聘文字编辑工作，这时主动向面试官透露自己对文字或者所应聘单位出版的产品感兴趣，无疑会给自己的面试加分。

第二讲　怎么说，把话说到面试官心坎上

面试答题是求职过程中最为重要的环节，几乎决定了面试者能否获取所应聘的职位。面试是经过组织者精心设计，在特定场景下，以考官和考生的面对面交谈与观察为主要手段，由表及里地测评考生的知识、能力、经验等相关素质的一种考试活动。

第 4 课　面试“提分”技巧

面试是智力的较量，更是思维的较量。应试者要从众多的竞争者中脱颖而出，除了要注意仪表装束和具备必要的知识储备之外，在答题过程中，多角度看问题也是非常重要的“提分”高招。

试想，应聘者如此之多，岗位竞争如此激烈，如何才能让面试官在短短的几分钟内发现你、青睐你，并最终记住你、录用你？没有一点儿“绝活儿”是不行的。

表述不清？给面试官打个比方吧！

说话周到比雄辩好，措辞适当比恭维好。

——〔英〕弗朗西斯·培根

俗话说：“说不清，打比方。”比喻具有形象性、具体性、生动性。正因如此，在回答面试官的问题时，如果遇到表述不清的问题，打个比方会产生让人意想不到的效果，为你的面试加分。

问题板

你或许遇到过这样一种尴尬的情形，就是有些东西越描越黑，越解释越模糊。有些浅显的道理，却怎么都说不清楚，翻来覆去

地说车轱辘话，甚至说着说着把自己给绕进去了。比如：

1. 你觉得自己的性格怎么样？

2. 你看到街上有违法经营的商贩，作为城市管理者，你如何看待？有人说“城管”成了贬义词，你怎么想？

遇到这些问题怎么办？这时候，你可千万不要自乱方寸。其实，能否清楚地向面试官表达自己的观点，关键在于你运用了怎样的说理方法。这里其实有一个秘籍——打比方。

实战案例 1：公务员 = 汽车司机

苏修远博士毕业后，参加了公务员考试，并以优异的笔试成绩获得了面试资格。负责招聘的王处长看过苏修远的简历后，不禁有些顾虑。原来，与苏修远一同面试的其他考生或是有基层工作经验，或是有过在学校担任学生干部的经历，而苏修远虽然是标准的好学生，却没有任何基层工作或者学生干部的经历。所以，王处长问他：“一般来说，白纸型的，特别是刚从学校毕业出来的年轻人，有时候会觉得公务员岗位是‘广阔天地，大有作为’，但经过一段时间的工作就会发现实际并非如此，甚至会觉得枯燥无味。我想知道，如果遇到这种情况，你会怎么办？”

苏修远回答道：“作为刚出校园的人，我们期待一个稳定的工作，因此报考公务员成了很多毕业生的首选。对于公务员，我是这样理解的：老百姓像是坐车的人，而公务员则是司机，既要懂技术，还得认得路，能看清方向，把一车的人带好，别掉到沟里去。我觉得还有很重要的一点是，司机要跟学生一样，在遵守各种规则的同时，还应目标坚定，不受外界干扰，一心只开便民车、利民车。虽然一直开车会让人感到疲倦，会枯燥乏味，但是我可以接触不同的乘客、遇见不同的风景，这也是一种享受。”苏修远的一段精彩比喻为他的面试加分不少。

如果要清晰全面地阐述公务员工作，恐怕长篇大论也不一定能说到点子上，甚至还会说空、说偏；若背诵公务员的定义，又会给人一种死板、说套话的感觉。而打个比方，许多问题就迎刃而解了。

苏修远将公务员比成开车的“司机”，强调公务员既然是公仆，就应当“懂技术”“认得路”，在遵守规则的同时，还要经得住诱惑、耐得住寂寞——不受外界干扰，开好便民车、利民车。这体现出苏修远正确的报考动机和一心为民服务的优秀品质。对于王处长提出的担心年轻人嫌工作枯燥的顾虑，苏修远则以会“接触不同的乘客、遇见不同的风景”来作答，可谓精妙得当。

实战案例 2：自我 = 仙人掌

在求职类电视节目《非你莫属》某一期中，有一位求职者横扫由 12 名企业高管组成的“BOSS 团”。这位女孩在面试过程中，巧妙地运用了以喻作答的技巧，用一个精妙的比喻展示了自己的独特品质。

面试官：“看你的简历做得十分认真，你应该是属于追求完美的人，你如何评价自己呢？”

求职者：“我觉得我是一株拥有持续激情的仙人掌。”

面试官：“为什么呢？”

求职者：“首先，我承认我不是一个漂亮的女生，外表不能给

人一种眼前一亮的感觉。别人可能用一件事就能证明自己，而我得用三件。这首先要求我比别人坚强，才能更充分地展现自我，我觉得这是仙人掌的第一个特性。第二点，我会像仙人掌一样保护自己，因为将来的路肯定有很多坎坷，自己要为自己的选择负责，出了事要去承担。第三点就是我像仙人掌那样抗旱能力强，仙人掌不用总浇水灌溉，不用总管它，也一样能盛放。”

这名求职者的回答获得了面试官的一致认可，最终，她被当场录取。

常规面试中，面试官在听完求职者的自我介绍或者看过简历后，大多会提这样一个面试问题：你如何评价自己？这是为了从侧面了解面试者的性格及与人相处的能力。这是个范围很宽的主观题，求职者回答时如果能将其缩小到某个具体方面，便会答到面试官的心坎上。

在上面的例子中，求职者将自己比喻成一株仙人掌，并借用仙人掌的三个特点展示了自己独立自强的“仙人掌”品质，让招聘单位觉得这位求职者“抗旱”能力强，不用悉心“照顾”便可茁壮成长，让招聘单位用着放心。面试初期，求职者已经做完自我介绍，之后的自我评价是求职者在常规介绍之外最能够呈现能力的一次机会，也是求职者在整个面试过程中获得的又一次主动展示自我的机会。

随堂练习

李树彬大学毕业后到一家药材公司应聘药品采购专员一职，负责招聘的刘经理对这个外表阳刚的小伙子比较满意，想对他多了解一些，就问："外表强大的人，可能内心很脆弱，甚至很细腻。你如何看待同事之间的意见分歧？你会如何处理？"

换位思考：李树彬该如何回答，才能让刘经理当场拍板要他？

参考答案：谢谢您的提问。我觉得每个人都如同一座山峦，"横看成岭侧成峰，远近高低各不同"。同事之间由于经历、立场等方面的差异，对同一个问题往往会产生不同的看法。很多时候，双方的分歧只是源于看问题的角度不同而已。因此，我的看法是正确的，并不表明别人的看法就一定是错误的。我会仔细分析对方观点中的可取之处，反思自己观点中考虑不周的地方。

亮点分析：在日常工作中，同事间的意见分歧不可避免，这往往会阻碍工作的开展和同事间的和谐相处。企业招聘者也会通过此类问题来检验应试者的心胸和态度。李树彬将人比喻成山峦，"横看成岭侧成峰，远近高低各不同"，这是他站在理解与尊重的角度来看待问题的体现，更是解决分歧的最佳思路。他的回答让面试官刘经理看到了他宽容大度、冷静理性的优秀品格，因此赢得了招聘单位的青睐。

口才支招

1. 高明的面试者应懂得"投其所好"，如果面试官不喜欢花里胡哨，那就尽量避免使用华丽的辞藻或者不适宜的修辞手法。

2. 要适可而止，见好就收，不要又是打比方又是玩排比。一个新鲜，多了必遭人嫌。

3. 打比方时，喻体与本体之间不要牛头不对马嘴。比喻的东西和考官提问的东西不配套，就是答非所问了。

巧卖关子，让面试官高看一眼

直道好跑马，曲径可通幽。

——谚语

卖关子，即把要说的东西隐藏起来，故意制造疑点，或反复渲染，或引而不发，从而结成“扣子”，引起听者猜测，最后在抓住对方心理的时候，巧妙地“解扣子”，即揭开谜底。卖关子能起到制造悬念、扣人心弦的作用。

问题板

在回答面试官的问题，特别是需要展示自己思维能力、组织能力或者解决问题、协调工作能力的时候，可以采用卖关子的方法。不轻易显山露水，适当地给面试官留出悬念，可以更好地展示自己不容小觑的能力。

实战案例 1：给对我工作不满意的人出道选择题

田妮从某师范大学毕业后，到一家有名的培训学校应聘教师，负责招聘的副校长问了她一个比较棘手的问题：“咱们学校实行试讲制，就是家长或学生在选择咱们学校时，我们会让他们先试听一堂课，觉得满意再做选择。那么，如果在你试讲完之后，对方说不满意，你会怎么办呢？”

田妮答：“作为教师，一要对学生负责，二要对学校负责。如果出现类似情况，我会给对方出一道选择题。”

“出一道选择题?”这位副校长显然期待田妮给他揭开谜底。

“我会给对方两个选择。首先，我会推荐对方重新选择一位老师再次试听，因为不同的教学方法或许就有不同的效果。如果对方满意了，也能为我们学校赢得生源；如果对方仍不满意，我会推荐他换学校，去其他培训学校看看。同样，我会给对方一份我们学校的培训课程的价目表，与其自卖自夸，不如货比三家。”

“不错，期待你来我们学校工作。”该副校长欣慰地说。

不难看出，田妮是牵着面试官的鼻子走的，她是怎么做到的呢？首先，她坚守“双向负责”的工作理念，表明自己和面试官的立场是统一的。接着，她故意卖关子，提出要给顾客“出一道选择题”，引起了面试官的兴趣。面试官通过进一步追问，才知道她是要给顾客两个选项，即以顾客为重，尊重客户的选择；同时，她的解决方案里又给客户限定了选择的空间，不论顾客做什么选择，对于学校和顾客都是有利的。如此合人心意的答案，自然会使她赢得面试官的青睐。

善于为他人考虑问题的人，在日常交际中自会左右逢源。同理，在求职时，特别是应聘服务类行业时，作为应试者，如果能兼顾顾客和雇主双方的感受，自然会为面试加分。

☑ 实战案例 2：告诉面试官，你有一个重要的想法

美国“现代舞之母”邓肯在成名之前，曾经毛遂自荐加入奥古斯丁·戴利的剧团。但是，当时戴利是享誉美国的大人物，而邓肯却名不见经传，在多次恳求下，她终于获得了一次短暂的与戴利对话的机会。邓肯鼓足勇气说：“戴利先生，我有一个很重要

的想法想要向您讲，全美国恐怕只有您能理解。”

“哦？什么想法？”

“我发现了一种失传两千年的舞蹈艺术……我这个想法，可以使我们整个时代的舞蹈发生翻天覆地的改变。我是从哪里发现它的呢？从太平洋的滚滚波涛里，从内华达山脉起伏的松树林中，我看见了年轻的美国在落基山之巅翩翩起舞的风姿……我要为美利坚的儿女创造出一种显示美利坚精神的新舞蹈，给您的剧团带来它所缺失的那个生命所系的灵魂——舞蹈的灵魂。”

戴利被邓肯描述得天花乱坠的舞蹈吸引，反问道：“这对我和我的剧团有什么好处吗？”

邓肯见状马上说：“戏剧是从舞蹈中诞生的，第一个演员就是舞蹈演员。舞蹈演员原来那种伟大的艺术一天不返回剧院，您的剧院就一天不会有真正的演出！”

戴利被邓肯的豪言壮语所感染，便同意她加入剧团。后来，邓肯成功了，成了举世瞩目的舞蹈皇后。

邓肯的毛遂自荐，首先从“我有一个很重要的想法”开始卖关子，来吸引戴利的注意力；然后揭开谜底，说她能带来剧团所缺失的“舞蹈的灵魂”；最后，戴利追问其能带来的价值，邓肯信心满满，大胆地宣称没有她所说的舞蹈，剧院就不会有真正的演出，直指戴利最关心的话题，引起他的共鸣，从而得到了他的认同。

随堂练习

薛凯参加了一家银行的面试。面试官冷不防地问他：“如果你到我们银行上班，突然遇到持械歹徒抢劫银行，你第一件事会做什么？”

换位思考：你是大喊大叫，还是立马投降？

参考答案：

薛凯几乎是本能地回答：“蹲到桌子底下！”

面试官露出讥笑的神情，追问道：“为什么？”

薛凯赶紧说道：“然后，按下桌子底下的报警器……”

面试官微笑着点了点头。

亮点分析：你或许会认为这个面试官的提问太极端，现实中几乎不可能遇到，不，你错了！面对这种另类问题，应聘者要端正立场和心态，展示出随机应变的能力，提出切实可行的解决方法。薛凯很聪明，他先向考官卖了个关子，在考官心存疑惑时，他立马答疑，给出了令人满意的答案。

口才支招

面试过程中，求职者向面试官设置的关子和悬念并不是故作高深，也不是语言游戏，而是一种灵活应变、以退为进的语言策略。但是，求职者若是为了追求语言出奇或彰显个性而故弄玄虚，那就可能会引起面试官的厌烦，弄巧成拙。

让“道理”为面试加分

任何一个可信的道理都是真理的一种形象。

——〔英〕威廉·布莱克

寓理于事，是指运用通俗化、趣味化的方法，借助典型的案例情节，让听话人悟出某种道理。在面试过程中，面对面试官的提问，寓理于事，让大家一听便明白的“道理”替你说话，更容易得到面试官的认可。

问题板

说话有理有据，才能赢得别人的信任。面试时，因为时间仓促，针对面试官的问题，很少有人能回答得面面俱到、无可挑剔。

这时，你不妨寓理于事，用“道理”说话，明确自己的观点，表明自己的态度，将所面对的问题从一个角度说深、说透，这样一定能够赢得面试官的认同。

实战案例 1：吴晶晶凭什么支持运动员娱乐化？

新闻专业毕业的吴晶晶到一家网站的娱乐频道应聘体育记者，负责招聘的记者部主任问她：“现在体育界有个很突出的现象是运动员明星化、娱乐化，大众在很多商业场合都能看到他们的身影。请问对于这样的现象，你持什么观点？”

吴晶晶略加思考，答道：“我的观点很明确，我是很支持运动员娱乐化甚至商业化的。一些运动员成为明星后，更能带动这项运动的发展。比如，某游泳运动员在奥运会成功夺冠后，通过各种途径的曝光，使更多的人开始关注游泳这个项目。我觉得运动员在把握好度的情况下，适当地增加自己的曝光量，更有利于推动这个项目的普及和发展，从而推动整个体育事业的普及和发展。我们不能因为有的运动员走穴出现了一些问题而否定运动员娱乐化的意义。”主任听罢吴晶晶的回答，满意地点了点头。当然，吴晶晶也获得了梦寐以求的工作。

体育运动员能否商业化？面试官提出这个问题，主要是想考察应聘者独立思考的能力。吴晶晶果断给出了明确的观点——自己支持运动员成为明星，然后她以某游泳明星为例，说明增加曝光量能够让更多的人在认识这个运动员的同时，也开始关注游泳这一体育项目，通过引证实例凸显了运动员娱乐化和商业化对体育项目发展的推动作用。她明确支持运动员娱乐化甚至商业化，并拿出了具有说服力的分析，有理有据，合情合理，面试官怎能不被折服呢？

实战案例 2：时针、分针、秒针，它们为什么不打架？

卡里尔大学毕业后，到瑞士信贷第一波士顿银行去应聘工作，负责招聘的瓦科夫先生对睿智、干练的卡里尔非常感兴趣。他问道：“你整天累死累活的，在外面四处奔波，工资却很少；你的上司天天坐在办公室里，只需要在电脑上敲敲打打，工资却是你的好几倍。你如何看待这种反差现象？”

“您能问我这个问题，说明您很关注基层员工的疾苦。这个现象很普遍，就像墙上挂着的那个木钟。您看这秒针，必须马不

停蹄地走，一秒也不能耽误。它跑上一圈，分针才挪了一个小格子。而分针跑上一圈，时针才挪动一个小格子。在一家企业里，秒针就是那些最基层的员工，分针就是中层干部，而时针就是企业的老总。虽然都是奔着同一个目标，但是因为位置的不同，运行的速度也有所不同，更重要的是，彼此起到的作用也不同。要想改变自己的命运，只有改变自己所处的位置。”

瓦科夫先生听罢卡里尔的回答后，起身与其握手，说：“你是个有想法的年轻人，希望我们能一起共事。”

不同岗位待遇不同的现象在社会中普遍存在。在单位里，每个人因为角色的不同，所起的作用不同，获得的价值也是不同的。这是人所共知的道理。

卡里尔正是抓住了这一点，以现实生活中的钟表为例，非常形象地分析了其中的“奥秘”——秒针、分针、时针，虽然都在转动，但是因为位置的不同，所以起到的作用不同。由此，他进一步提出“要想改变命运，必须改变位置”的观点，表现出乐观的心态和理智的头脑。这样巧妙明事理的回答，就是明确地告诉面试官，自己理解并接受老板比员工待遇高这一事实，不仅展示了自己的理性，更凸显了自己的巧思。

随堂练习

汪昱峰在大学一直担任学生干部，毕业时，学校将其推荐给定点合作企业。面试时，该企业的面试官对汪昱峰提问道：“有人说，‘不在其位也谋其政’，你对这句话是如何理解的？”

换位思考：汪昱峰该如何回答，求职才能顺利成功?

参考答案：我认为“不在其位也谋其政”需要两个前提：第一个前提是自己的本职工作做好了；第二个前提是别人的工作没做好，你“谋其政”完全是为单位工作的大局考虑。如果本职工作没做好，越俎代庖去做其他职位的工作，对他人的工作指指点点，会造成同事间关系紧张，造成单位管理上的混乱。这就是大家平日里坚决反对的“狗拿耗子——多管闲事”。在满足上述两个前提的情况下，作为一名员工，要有主人翁的责任感，使本单位、本集体的工作有新起色、上新台阶。举个不恰当的例子，在老鼠肆意嚣张、开始闹鼠荒时，如果猫根本不去抓耗子，或者猫忙不过来，这时狗去拿耗子，就是一种热心的帮助，也是责任感的体现。

亮点分析：面试官问这个问题，就是想知道汪昱峰是否时刻清楚自己的工作职责、是否有全局观念，以此考察他的责任心。

汪昱峰的回答给出了肯定的答案，但强调了两个前提条件，使“不在其位也谋其政”得以成立，显示了他考虑问题的细致、周到。他寓理于事，辩证分析，通过讨论“狗拿耗子”在不同时期、不同情境下的作用，多角度证明自己的观点，表现出了自己的逻辑分析能力，自然会给面试官留下良好的印象。

口才支招

1. 有些道理是“公说公有理，婆说婆有理”的，千万不要钻牛角尖，一定要说出这个“道理”适用的条件和环境是哪些。

2. 寓理于事的重点在于：道理要能讲得通。若道理本身都有争议，那么你的举例就更没有说服力了。

3. 不要“剑走偏锋”，要多讲些大家都听得懂或者听说过的道理，即便是“老理儿”，也比不讲理强！

第5课　面试“攀亲”技巧

拍马屁没用，切中要害才能打消疑虑

吹笛要按到眼儿上，敲鼓要敲到点儿上。

——熟语

求职者找工作，了解怎样推销自己、掌握推销自己的诀窍是非常必要的。当然，推销自己，绝不是去阿谀奉承、溜须拍马，而是讲究说话技巧，切中要害地把话说到面试官的心坎上。

问题板

你滔滔不绝地说了那么多，面试官依然面无表情、无动于衷，是没听懂还是不感兴趣？你有没有研究过？

你处处配合面试官，把面试官夸成花，面试官也很愿意和你聊，但为什么最后没有跟你签约？

记住，光会拍马屁是没用的。遇到面试官对你的面试表现暂时不满意或有所顾虑时，切中要害，有的放矢，把话说到面试官的心坎上，才能打消面试官对你的疑虑，赢得一份满意的工作。

实战案例 1：长得丑就应该去卖化妆品

郑小佩是某财经学院管理系的高才生，但因相貌欠佳，找工作时多次受挫。经历了一次又一次的打击，郑小佩几乎不再相信招聘广告，她决定主动上门，专挑大公司推销自己。这次，她到一家化妆品公司应聘导购员。经理听罢她的来意，上下打量了她一番，直截了当地说：“同学，恕我直言，化妆品导购很大程度上是产品的活招牌——外貌很重要。”

郑小佩毫不自惭，她迎着经理的目光大胆进言：“长得好看可以说是用了咱们产品的结果，不好看则可以说是没有用咱们的产品所致，殊途同归，宣传效果不是一样的吗？更何况我要是在咱们公司工作一段时间，用了咱们的产品，形象改观了，不正是活生生的广告？”郑小佩一席话说到了经理的心坎上，经理当即决定先让她试用几个月。

对化妆品行业来说，外貌确实很重要，它直接影响顾客对品牌的观感。形象不佳的郑小佩在应聘时，可谓“危机频频”。但是她切中了经理拒绝她的“要害”，巧妙地把弱点变成优势，给出合理化的解释，化解了经理的顾虑。这说明，在面试时想要说服面试官，就得抓住面试官的疑虑点、拒绝理由或者说是需求点，然后切中要害，把话说到对方的心坎上。

实战案例 2：放弃绿卡？你葫芦里卖的是什么药？

李秋仁从澳大利亚悉尼留学归来，到一家中国五百强企业应聘运营总监助理。王经理问：“小李，你留在悉尼那边发展很好，为什么会想到回国？”

李秋仁答：“中国的发展举世瞩目，我不想等多年之后再回来，却发现自己跟不上国家发展的步伐了。”

王经理又问：“我猜，你在悉尼待了这几年，应该拿到绿卡了，你将来也可以把父母接过去，到时候，你还会觉得中国发展很快吗？你回国究竟是为了长远发展，还是想多赚些钱呢？”

李秋仁说：“有人说，在国外镀一层金，回国后会有更好的发展。殊不知，如果你在国外是金子的话，赚的钱会比待在国内相同的行业更多。我现在已经获得了澳大利亚的绿卡，可以将父母接到国外生活，但是，我带不走父母的交际圈，带不走他们熟悉的环境。决定回国主要是因为我更多考虑的是今后长远的职业规划，我更希望能在和谐亲切的环境中去做自己看中的事业。贵公司视员工为‘家人’，到贵公司工作，也就是在家门口工作，这样不是更好吗？”

王经理连连点头：“欢迎学有所成的游子回家！”

留学生李秋仁放弃国外大好的职业前途而决然回国，不免会让招聘单位有所顾虑。面试时，李秋仁就通过传达一种“我要回家”的信念感，让王经理心里暖暖的。在回答“回国是为了长远发展还是想多赚些钱”的问题时，他逆向而思，用“如果在国外是金子，赚的钱会更多”来反驳“在国外镀金，回国发展会更好”的刻板印象。然后，他道出自己虽有绿卡，但是不忍心让父母也背井离乡。如此回答，正中王经理下怀，不仅消除了王经理的忧虑，更拉近了求职者与面试官的距离。

随堂练习

工商管理专业的李小东相中了一家汽车代理公司营销员的职位，但对方要求应聘者是市场营销专业毕业的。李小东不愿放弃，还是决定试试。他挤到摊位前，问："贵公司要招聘市场营销专业的学生，是看中他们哪方面的特质？"

招聘人员说："目前，我们公司需要扩大业务，所以非常需要一批具有市场开拓能力的人。"

换位思考：接下来，李小东该如何跟面试官聊下去？

参考答案："如果具备市场开拓能力或者有过市场开拓经历，是不是可以在专业上适当放宽？"李小东继续追问。

招聘人员笑着说："也可以这么说。"

李小东拿出自己的简历，说："我大四期间在省制药厂实习时，曾经参与过市场开拓，而且取得了不俗的成绩。虽然工作性质与贵公司有出入，但我相信凭着我对营销事业的热爱，我同样能做好贵公司的市场拓展工作。"

后续跟踪：招聘人员留下了李小东的简历。三天后，他接到了通知他试用的电话。

亮点分析：专业不对口的李小东在面试的时候，采取"先入为主"的策略：不先亮出自己的简历，以避免考官先发制人地说"抱歉，你专业不符"，而是在与考官对话的过程中，充分展示自己在市场营销方面的才能，让考官相信自己具备胜任这个工作的能力。用事实说话，表明自己做过什么、会做什么，这样就无形中给面试官服下了一颗"定心丸"，切中要害，因而顺利地获得了试用的机会。

口才支招

1. 在应聘过程中，很多应届毕业生一看到和自己专业不对口的工作便扭头就走。其实，如果你非常喜欢并自认为适合这个工作，就应该勇敢地去应聘。

2. 面试官对你不感兴趣，说明你们没有“同频”，或者是你答非所问了。你应该紧紧围绕面试官的提问作答，不要跑偏。

不惧“非主流”——大龄跳槽职工PK“00后”面试官

不要老叹息过去，它是不再回来的；要明智地改善现在。要以不忧不惧的坚决意志投入扑朔迷离的未来。

——〔美〕亨利·华兹华斯·朗费罗

俗话说：“长江后浪推前浪。”现在看来，“80 后”已经不能再以“年轻人”自居了，“90 后”已经独当一面了，连“00 后”也开始步入职场了。于是，在如今的职场中，“00 后”“90 后”“80 后”“70 后”很有可能成为同级的同事。作为一个还在跳槽中的人，说不定就会碰上个年龄比你小，但职场地位比你高的“00 后”小主管。

问题板

面试现场：

“为什么下水道的盖子是圆的?”面试官问。

“考官先生，您太极端了，不是所有的下水道盖子都是圆的，有些是方的!”

“哦?是这样吗?那请您展开说说，为什么下水道的盖子有圆有方?”

这是某网络公司面试现场一位“00后”考官出的面试题。有人或许会认为出这种考题是考官无理取闹，但不可否认，已经有越来越多的公司在玩“非主流”、不按套路“出牌”。作为互联网时代的HR，他们所提的问题，看似跳脱但暗藏玄机，言辞犀利却又不无道理。尽管你可能是个在职场摸爬滚打多年的“老江湖”，但也免不了要接受这些“小考官”们的检阅。如何才能保持自我，以不变应万变，或者转变思路，融入对方话语体系?这是跳槽者需要考虑的问题。不惧“非主流”，大龄求职者要勇敢地接招“90后”“00后”面试官。

实战案例1：拨乱反正，点中要害

刘熙烈在某房地产公司的市场活动部驰骋多年，但是因为家里有老人和小孩需要照顾，只能忍痛割爱，辞职到户籍地找了一份活动策划与主持的工作。在面试中，身为“80后”的刘熙烈就遇到了一个小他十多岁的考官。面试中，这位年轻考官一本正经地问他：“刘先生，我不知道您对星座、命盘等有没有研究，现在很多人会根据自己的这些综合指数来找工作，您怎么看？”

对于这个比较“非主流”的问题，刘熙烈先是一愣，然后说：“择业是人生大事，需要靠科学的职业生涯规划来定位，从而找到各阶段的发展平台。不能只相信星座、命盘等信息，那样会贻误前途，赔上时间成本。我相信企业也不会完全依照一个人的星座、生辰八字来决定一个应聘者的去留。”

即便是风格“不正经”的面试官，在面试这个严肃的环节里，也不会随心所欲、无理取闹。面试官之所以会问这类问题，主要是想从侧面对应聘者的性格、观念、心态等进行了解，这也是招聘单位提出很多类似的“小众”问题的主要原因。如果你以“行家”自居，趁势跟面试官聊起这些八卦，或许你就上当了。刘熙烈在面试中表现得很稳重，他没有为了迎合考官而不懂装懂，而是言明立场、表明态度，让话题回到了有利于自己的轨道上——职业生涯规划需要科学地规划定位，单凭星座、命盘等信息就草率决定，只会贻误前途。

实战案例 2：一分为二，不偏不倚

阿曼是歌厅的驻唱歌手，因为家庭和个人原因，不得不重新找一份稳定点儿的工作，于是他锁定了本市的某家策划机构。面试时，他的面试官——一个很年轻的创意总监——问他：“一个歌手开一场演唱会就有几十万甚至上百万的收入，相当于一个普通打工者几年甚至几十年的收入，你怎么看待这个现象？”

阿曼略作沉思，说：“在现今的市场经济下，歌手开演唱会是一种商业行为，必然要遵循市场经济规律。他的收入不是政府给

的，而是主办方根据预期获利的多少计算出来的，从这个意义上说是合理的，也是正当的；但不可否认的是，与普通打工者相比，他们的收入已经高到一般人无法想象的地步，这与我国共同富裕的政策是不相符的。政府应该通过一系列宏观手段，合理规范类似收入，取缔非法收入，严格打击偷税漏税等行为，使其收入被限制在一个合理的水平。”

歌手开演唱会获得高额报酬，这本身就是一个争议性比较大的话题。对于具有争议性的话题，如果单凭主观喜好去回答，势必走向极端。阿曼首先对这种商业模式的合法性表示认可，说明其赚钱模式符合市场规律，盲目批评是不对的；接着，他又从另一方面分析了这种酬劳机制存在的问题，提出只有正规的监督体系介入，才能保证社会分配的公平。阿曼看待问题一分为二，说话不偏不倚，正中面试官下怀。

随堂练习

“辣妈”罗鑫去面试的时候，碰到的考官是一个小她许多的小姑娘。面试现场，小姑娘还因为称呼问题，和罗鑫“理论”了半天。正式面试时，小姑娘问她：“我们‘90后’‘00后’经常被称为史上最难管的一群人，工作几个月就离职；领导叫我们工作，我们不但不听，还会顶嘴；我们讨厌加班；要求一大堆……你对此怎么看呢？”

换位思考：这位考官到底在问什么？给“辣妈”支支招儿！

参考答案：其实被冠上各种不好的称号，对“90后”“00后”

来说是不公平、不恰当的，因为不是每个“90后”“00后”都这样，不能一概而论；而且他们也有自己的优点，不应以偏概全。“90后”“00后”虽然有时候会显得没有耐性，但他们很有自己的想法。比如，我之前要几名“90后”的下属外出，他们会自行选择路线或用自己的方法到达目的地。对于工作，如果是做他们本身喜欢的东西，他们从不介意工作时间长，我以前有个“90后”的同事就经常做到很晚，工作后还要去应酬，甚至周末也不介意工作。他们敢想敢说，特别是在开会时，会提出更多意见，相应的，我必须做很多准备工作才能应对他们提出的意见。我觉得年轻人只要掌握好火候和分寸，敢于表达自己的看法是好事。

亮点分析：好像全世界的“职场老人”都看不惯“90后”“00后”，觉得他们过于自我、没有责任感，但这些“老人”中又有几个能真正敞开心胸，客观看待年轻一代的优点和劣势？从罗鑫的回答中，看不出交流的鸿沟和沟通的障碍。如果她也像问题中所说的那样，认为“90后”“00后”十分差劲，那么即便这个考官不会因为她有这样的偏见而拒绝她，也不难想象她以后融入新团体（特别是年轻团体）时的困难。

口才支招

1. 对求职者来说，一定要弄明白对面的考官要的是什么、自己又有什么。面试中这种看似不合常规的题目，考察的其实是两种能力：一个是快速反应能力，另一个就是复杂环境下处理问题的综合能力。

2. 案例1中的面试给我们传达了这样一个信息：面试官发起

的某些“非主流”话题或许是个隐形的陷阱，你若没有看破本质，随波逐流，只能越陷越深。

讲点儿别人拿不走的东西

我就是我，是颜色不一样的烟火。

——歌曲《我》

求职面试，比起千篇一律、老生常谈的陈述，讲点儿别人拿不走的东西，更能引起面试官的注意。自己的实践经历、工作态度、团队精神、个人品质等都属于别人拿不走的东西。

问题板

“跟上一位求职者一样，我也学过计算机，我也能……”

“我刚从学校出来，没有多少工作经验，我是来贵单位学习的……”

听到上面的回答，相信百分之八十的面试官都会摇摇头，把这些人的简历扔进垃圾桶。

没错，有的招聘单位或许不会在经验和能力上对应聘者要求太多，那是因为他们更看重应聘者的潜力和入职后的实际表现。但求职者要想被“百里挑一”，就要与众不同。

实战案例 1：上大学时，我已经是最会赚钱的送奶工了

石良志在面试某单位销售工作时，面试官问他："你觉得自己具备哪些销售员必备的能力？"

石良志说："大二时，一家牛奶公司在学校招聘兼职销售经理。一瓶牛奶能赚 4 毛钱，学校光是住校生就有 1 万多，前景还是很可观的。面试通过后，我把学校划分成 7 个区，自己又招了 7 个人，每瓶牛奶分 1 毛钱给他们。推销了一天，我们发现想订奶的人太少。怎么办？打广告！让大家免费品尝牛奶！第一个月，我一分钱没赚到，还得倒贴钱买下别人临时退订的牛奶。从第二个月起，我在订牛奶时就跟同学们说清楚：如果要取消订单，需要提前三天，因为我每隔三天得向公司报一次订单。很快我就开始赚钱了，但不多，因为还是有不少订单临时退订没能及时更新。我发现这个公司的订奶系统不能反映每个订户的情况，且三天才更新一次，不够灵活。于是，我开始实时更新，手工记录订奶以及送奶的情况，错误率下降了很多。从第三个月开始，我赚的钱越来越多了。当然，赚钱是其次的，最重要的是，我觉得通过这些锻炼了我沟通协调和带领团队的能力。"

应届毕业生在学校创办社团、进行小型创业、参加实习实践等经历中，往往有职场人士无法复制的独特之处。而这些独特的经历不仅能让面试官眼前一亮，还能让面试官从中看到你真实的能力。在上面的案例中，石良志通过"卖牛奶的故事"，讲述了自己怎样制定策略、如何解决问题、取得了什么样的成绩，详细生动，真实可信，自然能获得面试官的认可。

实战案例 2:“刘允昌”写成了“刘充昌”？吃一堑才能长一智

孟婷以前在一家大学的校报做编辑，后来打算应聘本市一家报刊的责编职位。面试时，面试官问她:“编辑是一份非常严肃严谨的工作，请谈谈你对‘严肃严谨’的理解。”

孟婷答道:“我曾经在大学做校报记者团团长，兼任大学生记者团指导老师。校报对新闻报道要求非常严，特别是校领导的名字，谁在前、谁在后的排序都是有规定的。然而不幸的是，有一期，我们的一个编辑居然把学校党委书记‘刘允昌’写成了‘刘充昌’。拿到报纸后，我们都吓蒙了，赶紧向上级汇报，宣传部部长把我们批评了一顿后，反问我们该怎么办。当时，学工处处长就说:‘把报纸收回来，重新印刷!’就这样，4000 多份报纸，几百个寝室，我们连夜全部追了回来。然后，负责下厂的两个编辑每人主动拿出 300 元，三个正副团长各拿 500 元，凑够印刷费，第二天重新印刷，再发放出去。事情虽然过去了，但我把那张出错的报纸用相框框起来，挂在校报办公室的墙上，时刻提醒自己‘严肃严谨’。自那以后，我们的校报不但没出现过大的差错，还在省里获得了不少奖项。”

很多人常会向面试官表态“我吃苦肯干”“我认真仔细”，但这样的空话听多了，面试官是会反感的。面试官想听到、看到的是能证明你工作态度的实实在在的东西，这些东西是别人拿不走的。在这里，孟婷讲述了自己从校报工作的一次重大事故中吸取的深刻教训，向面试官呈现了自己树立起“严肃严谨”这一工作态度的过程，自然能让面试官信服。

随堂练习

面试官问张庆红："听说你以前在日资企业工作，在那里有什么收获呢？"

张庆红讲述了自己的一次"挨批"经历，却意外应聘成功了。

换位思考：你知道她对面试官说了什么吗？

参考答案：刚进那家日资企业时，为了表现自己，我一干完手中的活，总会大声喊："我没事做啦！"没想到，我的经理给我泼了一碗冷水："你真没事做？我们的工作是流程化的，整个队伍全部做好才算是工作完成。我们并不需要一个英雄，我们需要一个能和其他人共同前进的队员。"于是，我学会了与他人协作完成工作，如果遇上加班，就整个部门一起上阵，做完了才一起下班。第二年，我破例获得了 12 天的探亲假，因为同事们愿意分担我不在的时候的工作，以此回报我平日对他们的帮助。几年后，当我培训别人时，我总会说："我们的团队需要大家通过互补、互助，形成一个面积最大、形态最完整的圆。"

亮点分析：每当被问到"团队精神"，有的人只会强调团队精神的重要性，难免让面试官觉得老生常谈。而如果能结合自身经历讲出自己独到的见解，就能让面试官眼前一亮。张庆红通过回忆自己从刚进公司时缺乏团队精神到后来对团队精神有了成熟认识的经历，提出了对团队精神的独到见解，远比空洞的说辞更加有力。

口才支招

1. 你的故事便是你的名片，但是在讲述自身经历的时候，要具有针对性，看面试官问的是关于团队合作的问题还是个人能力的问题，做到对症下药。

2. 呈现自己的真实经历，不要为了突出自我而弄虚作假。

3. 故事讲多少要视情况而定，不要动不动就给面试官回忆自己的“辉煌过去”，适度讲故事可以“提神”，再多就让人“伤神”了。

第6课　面试“障眼”口才

面试官的问题往往是没有规律可循的，每个面试官也都有自己的评价标准，求职者即使有技巧也不可能硬性套用。如何“兵来将挡，水来土掩”？这就不得不学点儿“障眼法”。“障眼法”其实是这样一种技巧：面试官针对你最容易忽视或暂时有所欠缺的地方重锤猛击，而你见招拆招，逐一破解。

和高考一样，主观题要懂得客观作答

河有两岸，事有两面。

——熟语

参加过高考的人都知道，基本上每张试卷都有主观题和客观题。求职面试也不例外，也分主观题和客观题。

问题板

孙咸强在公务员面试环节被考官问道：“有的单位能‘三个臭皮匠，赛过一个诸葛亮’，你怎样理解？”

“我认为……”

“那有的单位则是‘三个和尚没水喝’，对于这种状况，你又是如何理解的？”

“……”

你还记得那令人焦虑的高考题吗？

主观题……

客观题……

看，孙咸强头都大了！

真要命，面试也有主观题！

主观发挥型题目主要是公务员、事业单位以及某些创新型企业面试的主要题型。应试者通过回答问题，可以具体地展现个性思维和应变能力。

但是，主观题如果答得太“主观”，就容易产生个人偏见，成为片面之词。那么，遇到主观题，该如何客观作答？

实战案例 1：用人不疑，真的能做到吗？

王新以优异的成绩通过了某事业单位人力资源管理岗位的笔试，面试官针对人力资源管理方面的专业知识进行提问：“古人云‘疑人不用，用人不疑’，假如你是上级领导，在任用下属干部时，能不能完全做到‘用人不疑’？”

王新说：“对于这个问题，我想不应简单地回答‘能’或‘不能’，而应对古人的观点进行辩证分析。首先，‘用人不疑’体现了用人单位经考察、分析、判断之后，对应试者应有的一种充分信任、大胆任用的气魄和风格。而任用之后，用人单位最主要的任务是感化、激励被用者，促使其产生‘士为知己者死’的意识。但反过来说，用人完全‘不疑’也是不可取的，因为所用之人的成长是受到各种因素影响、不断发生变化的。完全‘不疑’地用人，容易以偏概全，产生放任现象，忽略任用、培养、教育、考察、监督的措施，使被用者的思想和行为出现松懈和滑坡。所以正确用人的‘疑’与‘不疑’是辩证的，应一分为二地看待。”

王新滴水不漏的客观回答，令面试官频频点头。

客观是指事物本身的属性不以人的意志为转移，客观看待问题，就是不以特定的人的角度去看待事物。“用人不疑”是一种概括性的用人理念，表述相对绝对化。王新并没有根据个人好恶来谈问题，而是从客观角度出发，一分为二地分析了这种理念的合理性：首先应该对经过考察的人给予信任，感化、激励其产生“士为知己者死”的意识；但完全“不疑”会放松警惕，削弱监督，所以要一分为二地看待这一观点。王新的回答寓情于理，客观实际，不偏不倚，得到认可也在情理之中。

☑ 实战案例 2：末位淘汰制？不能搞“一刀切”

当前人们对有些公司实施的“末位淘汰制”存在不同的看法。李秋斌在面试时，考官问他如何看待这种用人措施。

李秋斌略加思考，回答道：“‘末位淘汰制’是一种向竞争机制发展的过渡性措施，可以试行；但要因情况而异，不能搞‘一刀切’。在规模较大、人数较多的公司实行‘末位淘汰制’，未尝不可。但如果在规模小、人数少的公司实行，效果就不一定好，因为这些公司人数不多，如果员工都很努力，成绩都不错，甚至难分上下，实行‘末位淘汰制’就会造成人心惶惶、人际关系紧张的不利局面。所以，此类公司对于这种制度应当慎用。”

很显然，李秋斌基于客观分析的回答为其面试加了不少分。

客观地看待问题，也体现在能从多个角度揭示事物的本质，不掺杂个人主观意识。关于“末位淘汰制”的应用，一直是争议纷纷，褒贬不一。针对这类主观性较强的问题，李秋斌没有搞“一刀切”“一边倒”，也没有过多地阐述其利弊，而是针对不同体制和不同规模的公司，具体问题具体分析，给出了自己对于“末位淘汰制”的不同看法。

这样的回答既避免了主观作答的以偏概全，也给考官以“思想成熟、做事稳重”的好印象。

随堂练习

在公务员面试环节，面试官这样问孙道生：“请问你对‘道高一尺，魔高一丈’有什么看法?”

换位思考：快来帮帮孙道生，脱离面试官的“虎口”！

参考答案：首先，我觉得有必要解释一下这个成语的本义。它原来是佛家告诫修行者警惕外界诱惑的话，意思是修行到一定的境界后，就会有“魔障”出来干扰修行而可能前功尽弃，后用来比喻取得一定成就以后往往会面临新的更大的困难。在现实中，它主要是告诫人们要正确看待成功，做人不骄不躁，喜中思忧，始终保持冷静的头脑。其次，这个成语也比喻正义和邪恶的力量对比。对国家公务人员来说，“道”是自己要学习的党的路线方针政策和法律法规，“魔”是来自社会上的各种不良诱惑。作为公务员——政府的行政管理工作者，要自觉地学习“道”，抵制各种社会不良风气的侵蚀，全心全意为人民服务。此外，这句话也可以从法治的角度理解，说明法律具有滞后性，国家法治化建设要加快速度，这样才能适应时代的需要。

亮点分析：听到“道高一尺，魔高一丈”，我们多会联想到与其相对应的“魔高一尺，道高一丈”。而孙道生首先是正本清源，从其本义去追溯和解读考官的问题，借用其本义来传达一种摆正思想、居安思危的态度。接着，孙道生既指明了“道”和“魔”对于公务员来说是什么，又给出了应对“魔”的方法，指出公务员只有自觉抵制诱惑，不断学习党和国家的方针政策及法律法规，才能做到“道高于魔”。

口才支招

1. 既然是主观题，那么，你所谓的“客观回答”也有可能被面试官否定，因为“公说公有理、婆说婆有理”，每个人的理解角度都不同。这时，千万不要跟面试官发生争执。

2. 对于你不确定的东西，可以用“或许”“可以这么理解”“不妨这么假设”等词句来加以限定，以免出现绝对化。

“工作经验”不是你打动面试官的唯一法宝

从一个角度办不到的事情，不妨从另一个角度试试看。

——〔美〕华特·迪士尼

没有工作经验，如何打动面试官？这是求职者的一大难题。

现在社会流动性大，人才流失率高，许多用人单位不愿花费高额成本为别的公司培养人才。因此，这些单位在招聘的时候大

都倾向于聘用“来了就能用”的、有相关工作经验的应聘者。

问题板

很多应届毕业生都抱怨，面试时经常因为没有工作经验而被面试官拒绝。为什么应届毕业生的面试通过率那么低呢？仅仅是因为缺乏工作经验吗？

其实不是的，面试官不会单纯因为你没有工作经验而完全否定你。面试官更加看重的是一个应届生面试时的整体表现。

那么，作为一名刚走出大学校门的求职者，该如何平稳地迈过“工作经验”这道坎呢？

实战案例 1：没吃过猪肉，还没见过猪跑吗？

刚刚走出校门的应届毕业生往往没有什么工作经验，但这并不代表就一定失去了机会。虽然没有实际的工作经验，但应聘者可以做好与应聘职位相关的知识储备，把个人有限的生活经历做个系统整理，让它与自己所希望从事的工作联系起来，给面试官留个好印象。

李蕊形象出众，气质优雅。在大学毕业生招聘会上，她想应聘化妆品销售工作，可几乎所有的招聘启事上都要求有相关工作经验。李蕊在失落之余，不愿意放弃任何希望。于是，她开始搜集有关化妆品以及销售的相关知识，并且以顾客的身份到商场化妆品专柜体验卖家如何给自己推销产品。

面试时，主考官询问：“你有过销售化妆品的工作经验吗？”

李蕊不慌不忙地回答：“虽然我没有过实际的工作经验，但我有过多次购买化妆品的经验。”

主考官不动声色地继续提问：“买化妆品和销售化妆品是两回事，算不上工作经验吧？”

“我每次购买化妆品的过程，其实就是一次对销售员工作的观察和体验。而且买回来后，我还会向我的同学朋友推荐自己喜欢的化妆品，这其实也是一种销售行为。”李蕊的自如应对给主考官留下了深刻的印象。在随后的模拟推销化妆品的测试中，精心准备过的李蕊更是表现得从容不迫，一招一式还真像一个经验丰富的化妆品销售员。李蕊的出色表现自然得到了主考官的赞赏和认可。

没吃过猪肉，也见过猪跑啊！对于刚毕业的大学生，或者跨行跳槽、缺少相关工作经验的应聘者来说，如何将自己的经历“经验化”是尤为重要的。正如李蕊，她想应聘化妆品销售工作，就在面试之前多了解与化妆品和销售相关的知识，面试时就能做到心中有数了。毕竟，机会永远是青睐有准备的人的。

初入社会的大学生，在短暂的面试过程中，除了尽可能多地展现自己的能力，还要让面试官看到你的潜力——虽然你暂时没有经验，但你一旦进入这个行业、熟悉了相关工作，就能为公司带来巨大收益。只有让面试官认识到这一点，他们才可能认同你。

实战案例 2：培训别人，自己乏味了怎么办？

应届毕业生葛小顺在大学期间，曾担任过校级学生干部。最近，他参加一家培训机构的面试，考官对这位优秀的应试者展开了“轮番轰炸”。

面试官问："做培训方面的工作，你每天或者每周都要面对新的学员，讲差不多的内容。假如一年之后，某些东西重复了很多遍，你自己都觉得乏味了，你会如何处理？"

葛小顺答："确实，如果培训的内容或培训形式很单一的话，可能就会出现这种情况。不过自己难受倒是小事情，这对于被培训的人来说才是最枯燥的。这个时候，培训效果也不会好。所以，在培训过程中，我会适当地添加新的知识，或者是改变一下形式，让培训更有吸引力，这样效果会好一些。"

能站在别人的角度分析问题、解决问题的人，更容易得到他人的理解与支持。同样，在求职时，我们在回答面试官的问题时，多站在对方或者其他人的角度思考，也会给自己的面试加分。

在上面的例子中，葛小顺针对考官提出的"培训会使自己觉得乏味"的问题，换位思考，提出"培训的内容或形式单一对于被培训者来说才是最枯燥的"，体现了较高的职业修养。最后结尾的短短几句，既给出了解决方法，又凸显了自己的优秀品质，不失为巧妙的"推销"。

随堂练习

梅华兴去某网络公司应聘，面试官问他："看你没有相关的工作经验，请问你了解我们公司吗？"

换位思考：梅华兴对网络公司来说确实是个门外汉，但他却把这个公司看得很透彻，怎样表达出他的内行感？

参考答案：说实话，我的专业确实与贵公司的要求不对口。

但在来应聘前，我专门打听过贵公司的情况，也查询过贵公司的网站。我了解到，出于贵公司所从事的行业的原因，公司的工作节奏很快。因此，公司对员工的时间观念要求十分严格，任何不守时的行为都是不被允许的。在应聘过程中，通过和您的接触，更加印证了这一点。我很赞同这样的企业文化和工作氛围，因为我也是一个时间观念很强的人，而且我觉得，快节奏的工作才更能锻炼人，快节奏的企业才能创造高效率！所以，我想在贵公司的平台上磨炼一下自己。

亮点分析：越是没有经验，越要去了解你的新东家。了解招聘需求，很重要的一点就是应该主动去了解你要应聘的公司的企业理念和企业文化。任何一个公司都希望能招聘一个认同自己企业文化、适应自己企业氛围的员工。梅华兴在回答中，不但赞同了对方，而且巧妙地将自己时间观念强这一适合该企业需求的特点展现了出来，更加坚定了面试官录用他的决心。

口才支招

1. 懂得避短。有些“短”是避不了的，有些“短”则是可以避免的，比如不了解市场行情、缺乏基本的职场礼仪和职业素养等，这些可以利用网络提前“补课”，免得让自己在面试中表现得太无知。

2. 懂得扬长。没有经验，拿什么来打动面试官？十全十美的人是没有的，用坦诚和勇气，把适合岗位要求的个性特征和潜力、脚踏实地的态度以及敬业精神展示出来，才能征服面试官。

3. 把自己的期望值降一格，先进入平台再说。没有舞台，就没有施展的机会！

求职兵法，教你随机应变

兵无常势，水无常形，能因敌变化而取胜者，谓之神。

——〔春秋〕孙武《孙子兵法》

“三十六计”是我国古代兵家计谋的总结和军事谋略学的宝贵遗产。其实，“三十六计”并不只能用于战争领域，在求职时，如能借用“三十六计”中的一些计策，效果也会不同凡响。

问题板

面试现场，狭路相逢，如何减少失败风险？

如何远离面试官问话陷阱，避免被牵着鼻子走？

如何水来土掩，走出求职误区？如何知己知彼，依势取利？

如何害中取利，打破职场僵局？如何触类旁通，把握求职主动权？

实战案例 1：无中生有——威廉的黑桃 A

“无中生有”指的是在求职时，缺少或者暂时不具备某种才能和条件，此时可以通过“无中生有”“移花接木”的方式，向考官透露自身优势和潜能。

威廉到《纽约时报》应聘驻外记者。他小心翼翼地回答面试官的提问，几个回合下来，威廉发现面试官的表情好像很满意。这时，面试官通过观察已经发现威廉身上没带名片，便提出要一张名片，威廉瞬间就急出了一身冷汗。情急之下，他灵光一闪，从口袋里拿出一副扑克牌，抽出黑桃A说："这是我的另一种名片，它代表着我的身份，因为它是一张黑桃A。您知道，现在纽约流行一种扑克玩法，黑桃A是最大的牌。我并不是夸耀我现在的成绩，但这却是我的追求和梦想。我梦想有一天，我能成为这个行业的黑桃A，更梦想《纽约时报》能成为千万媒体中的黑桃A！"

面试官被威廉的表现折服，把这个职位给了他。通过努力，二十多年后，威廉成了《纽约时报》的主编，名扬世界。

面对面试官的刁难，威廉如果实事求是地说自己没有准备名片，也会得到面试官的谅解，但很难给面试官留下深刻的印象，顶多体现出其诚实的品质；而威廉急中生智、"无中生有"，巧妙利用随身携带的道具，既表达了自己的远大抱负，又表现出对应聘单位的美好憧憬，更表现出作为记者所应具备的随机应变的职业素养，可谓一举多得。

实战案例 2：偷梁换柱——陈媛媛生命的最后一天在做什么？

在求职中，"偷梁换柱"可以用来暗中抽换或改变面试官所提问题的方向、角度或者重点，实现反客为主。

这天晚上，恒安集团携手东南卫视举办的"爱，改变生活"恒安大学生职场挑战赛来到泉州师范学院，通过宣讲和面试两个环节，筛选出10名选手直接晋级。"在生命的最后一天，你会做

什么呢?”面试官提出的这个问题，让所有参赛选手陷入了沉思。

“我是来自泉州师范学院政治与社会发展学院的陈媛媛，我应聘的职位是金牌助理。”陈媛媛答道，“我不能确定自己生命的最后一天在做什么，但我想说的是在生命终结的前一天我要做什么。就像我现在站在这里，我知道自己缺乏实践经验，那么我会好好珍惜这个机会锻炼自己。人应该把握当下，把每一天都当作最后一天来过，这样生命的最后一天就不会留有遗憾。”

这个回答得到了面试官的集体认可，陈媛媛脱颖而出。

对于“生命的最后一天，你会做什么”这个问题，如果就事论事、大谈自己的“宏伟计划”，恐怕难以出新。陈媛媛另辟蹊径，没有直接回答“生命的最后一天”要做什么，而是偷梁换柱，谈及自己在“生命终结的前一天”要做什么，从而引出“人应该把握当下”的观点。这种将每一天都当作生命的最后一天来过的认真态度，自然会得到面试官的赞许。

实战案例 3：抛砖引玉——徐勤欢的缺点可真多

“引玉”是目的，“抛砖”是为了达到目的的手段。求职时，想要表现自己的优秀品质，可以先阐述缺点，然后引出优点，把优点当成缺点说。低调才是最高明的炫耀！

徐勤欢在参加某公司储备干部的面试时，面试官问：“请问，你觉得自己有哪些缺点?”

徐勤欢说：“我脾气太急，还有就是朋友都说我太抠门儿。”

面试官说：“请具体说说。”

徐勤欢思考片刻，说：“我脾气急，比如我打心眼儿里不喜欢磨洋工的人，遇到干活投机取巧的人，我常常会不给人家面子。当然，工作要是干不好，我就会跟自己过不去，无比自责。我抠门儿、小气，我觉得主要归因于我的经历，因为我本身的家庭经济条件不太宽裕，所以一直比较节俭，用钱都按计划来，不轻易打乱。我上学时管理班费，同学们都说我管钱太死，虽然我知道花的不是自己的钱，却总也改不了这个习惯。”

面试官听罢徐勤欢的“缺点”，不禁点头表示认可，徐勤欢的面试很成功。

参加招聘面试，最怕面试官提些类似“你有哪些缺点”的问题，因为回答这类问题就是自我揭短，往往让人无从下手。遇到这类问题，可以把自己的优点当成缺点来说，既解答了难题，又进一步地推销了自己一把。

徐勤欢表面上是自揭性子急、抠门儿的毛病，其实是在说自己雷厉风行、工作有责任心，老板都喜欢这种员工。勤俭、用钱有计划的人，常常能得到外企、私企老板的青睐，这些也是储备干部不可多得的优秀品质。因此，徐勤欢面试成功也是理所当然了。

口才支招

1.“兵无常势，水无常形”，兵法要活学活用，不能生搬硬套！

2. 在求职过程中运用兵法，不要“心机”太过，表现得太狡猾，面试官都怕你了，谁还敢录用你？

3. 要对兵法有正确且正面的解读，如果你没有真正领悟兵法的真谛，用起来艰涩，说出来别扭，反而是减分了。

第三讲　怎么说，不被面试官牵着鼻子走

人们常说：“不要被别人牵着鼻子走。”大家都知道，牛之所以无法主宰自己的命运，整天只能任劳任怨地干活，就是因为牛只能被人类牵着鼻子走。它失去了行动的自主性，也慢慢失去了反抗的念头。求职面试也是如此：如果为了迎合面试官，一味地点头称是，那只能被面试官牵着鼻子走，最终丧失主动权，落入不利的境地。

第 7 课　面试官就是要“吹毛求疵”

没有人是十全十美的，每个人都有自己的缺点、弱势。在求职面试时，面试官就是要“吹毛求疵”，他们为了能挑选到最优秀、最适合的人才，往往会苛刻地挑出求职者身上的“刺儿”，或辛辣提问，或揭短触劣。面试者要洞幽烛微，巧妙“遮羞”，以便更好地“推销”自己。

别“狡辩”了，你不可能十全十美

既然太阳上也有黑点，人世间的事情就更不可能没有缺陷。

——〔俄〕车尔尼雪夫斯基

面对面试官的苛刻提问，应试者有时会被打个措手不及，下意识绞尽脑汁，只想着如何辩解才能“蒙混过关”。其实，这时候就别执着于“狡辩”了，只有见招拆招，巧妙“遮羞”，另类“推销”，才能稳扎稳打，赢得面试。

问题板

现在的面试官，挑剔得很！

说完经历说资历，问完资历又嫌你不是对口专业，挑来挑去，

好不容易对你产生了兴趣，结果突然告诉你：你超龄了！真是急坏求职人！

不过，话又说回来，假如你是老板，你会一点儿也不挑吗？

所以，换位思考一下，别再跟面试官“狡辩”了，你本来就不可能十全十美。有辩解的工夫，还不如找找面试官问题的突破口，看看怎么能钻个空子呢！

实战案例 1：怀疑你的能力？妙用双关语，层层深入

双关语可使语言表达含蓄、幽默，而且能加深语意，给人以深刻印象。在求职中巧妙使用双关语，不仅可以展现求职者的语言艺术，更重要的是能向面试官暗示或透露自己的过人能力，让面试官心悦诚服。

王美玲是南方某工科类大学环境工程专业的应届毕业生。最近，她参加了校园春季招聘会，准备面试一家电力企业的人力资源岗位。面试官看完她的简历，对于她跨专业就业的行为表示了质疑。

“王同学，看你的简历，你大学四年学习的是环境工程，现在却想做人力资源管理的相关工作。我们属于电力企业，可能永远都不会涉及环境工程方面的工作，相当于你修读了四年的专业就这样完全放弃了。你如何看待专业能力和就业脱钩呢？你为什么有信心来应聘与专业无关的工作？”

“我非常理解您对能力的重视。说到能力，我觉得自己在大学里面不仅仅培养了专业能力，而且还锻炼了学习能力和人际交往能力，或者说，积累了与社会接触的经验。工作毕竟是自己人

生中很重要的一部分，我要选择的应该是自己最喜欢的、最擅长的，或者说最适合的，而不是局限于我大学里学的专业是什么。大学的专业是我们高中毕业对专业认知最懵懂时做的选择，不可避免会出现失误。现在我觉得，我不能让这个失误再继续下去了。”

如此漂亮的回答，引得面试官频频点头，王美玲如愿签约。

在职场供需失衡的今天，有不少求职者跨专业求职谋到了心仪职位，王美玲便是一个典型案例。她之所以能成功就业，其中最大的原因就在于巧妙地将面试官问题中的“能力”一词进行了双关解读——学生不仅要具备专业能力，还要具备学习能力和人际交往的能力。她不仅恰到好处地掩盖了自己的专业短板，还展现了自己的综合能力，让人不禁觉得大学生就业的确不应该拘泥于专业范畴内，而更应该找到适合自己、适应社会的岗位。

☑ 实战案例 2：性别歧视？突出能力，模糊性别差异

有些单位在招聘时，设置了“性别障碍”，尽管没有公开表明，但实际上只聘用男性。这往往不是出于职业性质的考虑，而是因为对女性抱有嫌脏怕累、怕吃苦、事业心和进取心不强以及生育期无法工作的偏见。

郝珏是一名计算机专业的应届毕业生，她到一家电脑公司应聘，总经理看她是个女生，便面露不满，问：“郝小姐，我们公司工作压力蛮大的，你有什么专长吗?”

郝珏沉稳地说：“我是计算机专业毕业的，很想在这方面一试

身手。同时，我熟悉自动化办公，英文水平也比较高，压力大些没关系，因为我特别能吃苦。”

总经理说：“郝小姐，你一个女孩子家能吃什么苦呢？我们公司原则上是不招女员工的。”郝珏莞尔一笑：“您所说的苦具体指什么呢？我想不至于是当年我父母那代人下地干活、挑担砍柴吧。要是那样，我也不需要来了。我虽然是女性，可能力上不比谁差，我会勤奋工作，努力学习如何拓展公司业务，克服各种各样的困难，不会给公司丢脸的！”

“好，讲得好！”总经理为刚才的态度不好意思起来，“郝小姐有勇气，至于苦嘛，也不是你想的那么苦，我期盼着你能尽快熟悉业务……”就这样，郝珏应聘成功。

郝珏在应聘时，面对总经理的性别歧视，她不卑不亢，娓娓道来，说自己“特别能吃苦”，会勤奋工作，努力学习，克服各种困难。她的话语简洁明快，富有感召力，既消除了总经理的顾虑，又让总经理认识到她是个有思想准备、能吃苦耐劳的人，同时也给了总经理一个体面的台阶，从而使自己应聘成功。

随堂练习

李斐扬自两年前毕业后，工作换来换去。前些天，他来到一家大型人才招聘会现场，期待能找到一份稳定的工作。面试官看了看李斐扬“丰富”的工作履历，不禁皱起了眉头。“看你前面的几个工作，包括实习工作，基本上是半年一换，是吧？这让我不免有些担心，假如你加入我们单位也坚持不了太久，半年后又想跳槽怎么办？”

换位思考：这个时候，李斐扬肯定后悔自己有那么多跳槽经历了，赶紧替他解释一下吧！

参考答案：关于跳槽，我可以解释一下吗？我觉得心态是不一样的。前两年，我刚出校门，思想确实还不成熟，因为没有社会经验，所以总对外面的世界充满好奇，这山望着那山高。正是经过了这两年多的历练，我才对一些行业有了一些概念，想法也更加坚定了。所以现在再做选择，我会真的希望是一个长期的选择，我希望能对公司负责，同样也对我自己负责。

亮点分析：俗话说“红花还须绿叶扶”，用对比的方式凸显事物的本质，让人们在比较中鉴别，更容易给人们留下深刻而鲜明的印象。

“谁都年少幼稚过，好高骛远，这山望着那山高……”这些不是好借口，但却是很实在的理由。在上面的案例中，频繁跳槽的李斐扬不免会给面试官一种“不安分”的印象。面对面试官的质疑，他开门见山地承认自己以前确实不够成熟，然后话锋一转，将现在和以前做对比，凸显出现在的成熟与稳重，从而给面试官留下一个今非昔比的良好印象。

口才支招

1. 面试官不是为了故意跟你作对才去挑你毛病的，考察应聘者是 HR 的职责所在。不要被面试官的质疑惹怒，要学会控制情绪，不急不躁，沉着应对。

2. 你的任何解释，都要以争取加分为目的。如果越说越离谱，那么与其强行辩解，不如保持沉默。

告诉面试官你是如何处理“此类问题”的

凡是在理论上正确的，在实践上也必定有效。

——〔德〕康德

我们经常会遇到面试官问计于求职者的情况。其实，这类问题往往没有统一的答案，面试官之所以提问，其实是在给求职者设置情境，以便考察求职者有没有真知灼见。

问题板

“如果你遇到此类情况，你该怎么办？”

“你是如何处理此类问题的？”

在求职中，有些求职者失败的原因在于缺乏自己的独到见解。面试官问计于你时，切不可以“不知道”“还没想好”或“没考虑那么多”为由放弃作答，因为这正是你大展风采的好时机。

如果你在重大问题上知道自己该怎么办，相信你不仅会在求职面试中脱颖而出，在现实问题面前，自然也能够应对自如。

那么，在遇到此类问题时，我们如何才能答到面试官的心坎上呢？

实战案例1：有更好的公司挖你，你走不走？

李云杰读大学时是学生会主席，毕业时被学校推荐到某企业做储备干部。面试时，面试官对李云杰的综合素质非常满意，但还是说出了自己心中的忧虑，他说："以你现在的水平，恐怕能找到比我们公司更好的单位。都说'人往高处走'，现在是企业校园招聘的高峰期，如果你恰好遇到了一个比我们公司更适合你综合发展的平台，你该怎么办？"

李云杰答道："我不否定'人往高处走'的人生态度，这最起码能体现一个人追求进步的意识。或许我有幸能找到比贵公司更好的企业，但别的企业或许在人才培养方面不如贵公司那么重视，机会也不如贵公司多；或许其他企业也有自己的种种优势，但我想，珍惜眼前所有也是一种机会，因为人生最大的幸运不是拥有良好的机会，而是在机会来临时能做出正确的选择。"

面试官面带微笑，说："我们的招聘口号是寻找比我们更优秀的人才，当然，我们也会保护人才、重用人才的。"于是，李云杰顺利进入试用期。

俗话说："不想当将军的士兵不是好士兵。"俗话又说："人往高处走，水往低处流。"在面试中，面试官提出如此两难的问题，明显是故意设置的一个陷阱：如果你的答案是"选择人往高处走"，那就说明你这个人会有脚踏两只船、"身在曹营心在汉"之嫌；如果你回答"不为所动"，又会显得你对自己缺乏自信或者你的能力有问题。李云杰回答的巧妙之处在于：他根本就没有给面试官一个确切的答案。他模糊了问题的分歧点，并且不偏不倚，既肯定"人往高处走"的人生态度，也不否认自己会遇到这种机会，但是最终的选择是什么呢？他并没有直接给出答复，而是表明机会很重要，但选择更重要。如此，他棋胜一招，成功跳过了面试官的提问陷阱。

实战案例 2：你成了领导与同事之间的“受气包”，怎么办？

卢芳在找工作时，遇到这样一个问题：“假设你在某单位工作，成绩比较突出，得到了领导的肯定，但同时你发现同事们越来越孤立你，你会怎么解决？”

卢芳回答道：“首先，我觉得我在工作上成绩比较突出、得到领导的肯定是件好事，这将是鼓励我以后更加努力工作的动力，我一定会将这种热情保持到底。其次，如果我发现同事们越来越孤立我，我应该先从自身找问题。我要检讨一下自己是不是只顾埋头苦干工作，忽略了与同事之间的正常沟通。如果是这样，那我应该加强同事间的交往，积极主动地参加集体活动。当然，如果我是因为自己的工作方法不当而引起同事的孤立，伤害了同事的自尊，我应该主动道歉，并出面解释。俗话说‘冤家宜解不宜结’，我要及时化解矛盾，绝不能在领导面前搬弄是非，说同事的坏话。我还应该主动帮助业绩差的同事，提高他们的工作热情，创造良好的工作氛围。”

最终，卢芳拿到了录用通知书。

低头做事，低调做人，一直被奉为现代职场的生存法则。实践也充分证明，衣艳惹眼，树大招风，“低调”可让自己免成公敌，从而更好地融入周围的环境。但谁都不可避免地会遭遇职场“冷饭”，要么是能力差，拖了团队的尾巴，遭人厌弃；要么是能力太强，成为众矢之的，引起同事的嫉妒。所以，处理好职场中的人际关系非常重要。在求职时，卢芳能对此类问题心中有数，回答中透露出能屈能伸的职业素养和交际能力，很受面试官青睐。

随堂练习

南方某大型医药企业因业务势头好，欲招聘一批药品采购员，经过考核，张新华成功进入面试。面试官了解到张新华有过带团队工作的经验，便问："科长交代你和几个同事去开展某项工作，同事们都认为这项任务无法完成，纷纷发起了牢骚，这时你会怎么办?"

换位思考：如果是你，你会怎么回答呢?

参考答案： 首先，我要保持沉着冷静，绝不和同事一起背后议论发牢骚，应注意维护科长的权威，维护本科室成员间的团结。其次，我会试着与同事交流，征求关于任务的看法、意见，向同事说明任务的重要性，力劝他们服从大局。最后，我会思考、分析任务不能完成的原因到底是什么，是领导安排不当还是任务本身难度过大。作为下级，我不能轻易地否定领导的决定，但若完成起来的确有困难，我也会向领导汇报，说出根据、理由，争取领导采纳并改变原来的工作决策。

亮点分析： 不可否认，每个人的工作能力和抗压能力不同，领导安排的同一件事情，有的人觉得得心应手，有的人则感觉颇为吃力。在一个团队里，当出现队友牢骚满腹、对工作有抵触情绪的情况时，我们该怎么办呢？张新华的回答很全面。他分清主次，条分缕析：对于同事，不盲从，不制造紧张气氛；对于上级，要维护其尊严；对问题本身，要从大局出发，反复研究方案，做两手准备。这番回答体现出张新华思维缜密、临危不乱等优点，

招聘单位对这样的人才自然求之不得。

口才支招

1. 一家公司从数十份甚至上百份简历中把你挑出来，让你参加面试，肯定是认为你身上有一些与招聘职位相匹配的能力。在回答问题时，要做到小事不急、大事不乱。

2. 如果不知道怎么回答，可以重点突出以下几个方面：①集体意识；②大局意识；③小我意识；④隐忍意识。

小心，别掉进面试官的“提问陷阱”

人都会犯错误，在许多情况下，大多数仍是由于欲望或兴趣的引诱而犯错的。

——〔英〕约翰·洛克

在与面试官的对话中，你的回答是对方判断你能力、思想、水平的一个重要标准。如果你的回答让面试官很不满意，他是绝不会放你过关的。所以，求职的朋友要学会“谨言慎行”，小心绕过面试官为你设置的“提问陷阱”，顺利通过面试。

问题板

面试现场，面试官问：“你现在还上着班吗？”

求职者：“是的，不过我已经做好了随时离职的准备了。”

面试官又问："你什么时候能来上班？"

求职者："只要贵公司愿意，马上就能上岗。"

面试官："你不需要办离职手续吗？不用交接工作吗？"

求职者："……"

看，中计了吧？听到这类问题，你切不可沾沾自喜，因为这很可能并不是面试官在暗示可以考虑录用你，而是想用这种问题来考察你的责任心。

在面试中，面试官为了能招到更适合岗位的人才，在对应聘者的问话中，往往带有很强的目的性。有些时候，即使是看似无意的闲谈，应聘者也不能不加思考地张口就答，否则可能会在无意间葬送机会。

反面教材 1：被"有相关工作经验者优先"给忽悠了

一名热衷兼职的在校大学生，在招聘会上转了一上午，却没有一家单位有录用他的意向。好不容易有一家公司通知他去面试，招聘人员边看他的简历边说："我看你有过不少工作经验啊！"

这名学生回答说："是啊，现在各大企业招聘不都写着'有相关工作经验者优先'吗？我做过家教、文员、市场营销人员……"

招聘人员打断他的话头："你为什么要换那么多份工作而不专注些把一份做好呢？"

"因为我想尝试不同的岗位，得到不同的锻炼。"

招聘人员直言相告："你作为学生兼职过多，很有可能没有珍惜自己的大学时光好好学习！你成绩怎么样？"

这个学生无言以对。

这名学生大一就出去兼职，钱挣到了，实践经验有了，可是课堂上却不见他的人影。结果，兼职经历是丰富多彩了，可学习成绩却平平无奇。如今，大学生热衷于兼职，未出学堂先入职场已成为一个普遍现象。不少大学生心态浮躁，刚走进大学校门就想着毕业后如何找到好工作，反而忽略了基本的学业。大学课程能够系统培养学生解决问题的技能、思想和方法，这是再多的兼职也无法取代的。兼职虽然能带来一定的社会经验，但过多的兼职必然耽误学习，造成专业不精的问题。虽然许多公司都在招聘启事中提到“有相关工作经验者优先”，但并不意味着兼过职就是有经验，而且经验也不一定是企业首要的考量因素。

反面教材 2：都是好为人师惹的祸

刘航是一名硕士研究生，知识丰富。去一家电器公司面试时，面试官谈到了曾发生在国内某电器零售巨头的人事变动问题。面试官问刘航：“你怎样看待该集团陈总离开，由另一家公司张总接任一事？可以从专业角度谈谈吗？”

深谙电器市场的刘航立即来了兴趣：“我大学时就是学电子商务的，对管理知识也有一定的了解。陈总离开、张总接任是最好的结果，这项决策兼顾到了多方的利益，是明智之举。”见面试官点了点头，刘航又补充道：“从专业的角度讲，这里面涉及很多复杂的问题，并非外界想象的那么简单。我学这个专业的都了解得不太透彻，估计说了您也未必能听懂，还是不具体解释为好。有兴趣的话，建议您日后多关注一下相关方面的信息，到时候咱们再讨论。”面试官一时哑口无言。

面试官让求职者谈想法、提建议，一方面是考察求职者的思维，另一方面也给求职者挖了一个陷阱，看你会不会变成“好为人师”“得意忘形”的人。求职者即使感觉自己装了一肚子的好想法，也不要反客为主，不知天高地厚地给这个“建议”、给那个“提醒”。记住，无论你的“指点”多么中肯、多么出色，你都要谦虚低调，因为面试不是卖弄的时候。案例中的刘航自以为知识丰富、了解内情，大言不惭地对面试官进行“建议”，不被淘汰掉才怪。

实战案例：“鱼”和“熊掌”可以兼得

大龄单身女性刘倩倩到一家科研机构求职，面试官对其条件较为满意，最后问道：“刘小姐，从你的情况来看，你现在还没结婚，应该属于晚婚晚育了。说实话，我相当讨厌现在的社会环境，到了一定的年龄，各种‘催婚族’就会给我们年轻人施加压力。你是如何看待这些现实问题的呢？”

“我觉得，家长之所以会催婚，也是从他们的立场出发的。当然了，谁都希望‘鱼’和‘熊掌’能够兼得，工作、结婚两不误。当二者冲突时，在一段时间内，我会选择工作，因为拥有一份好的工作，将来培养孩子也会有更为坚实的经济基础。结婚生子是人生的一个阶段，我想总会有合适的时候让我二者兼得，企业如果因为一个员工结婚生子就放弃多年的培养也很可惜吧？”

面试官说：“看来刘小姐是有规划的人。”最终，刘倩倩顺利通过了面试。

乍一看，面试官的问题与求职没有直接关联，实则不然。招

聘者提出这个问题，其实是想知道应聘者在工作与生育的关系上所持的态度，也可以说是在侧面了解求职者对自己人生和职业的规划情况。刘倩倩把自己的“小算盘”打得细致周到，她寓情于理，坦言“结婚生子是人生的一个阶段”，谁都希望“二者兼得”。当两者出现矛盾的时候，她认为工作也是为了给孩子创造坚实的经济基础，会在一段时间内选择工作；同时，她相信总会有“二者兼得”的时候，因为无论是公司还是个人，面对这个问题，彼此放弃不是最佳选择。这样回答，获得认可便在情理之中了。

口才支招

1. 面试官的“提问陷阱”多得很。比如，要求你说出你前任上司的几个缺点。不管你是把原来的老板贬得一无是处，还是夸得天花乱坠，都不是聪明的回答。正确做法是要讲得有优有劣、不偏不倚，让你的面试官觉得你是一个客观公正的人。

2. 别怪面试官太过精明，是“老狐狸”，只因为你自己太青涩、没经验。回答此类问题，要戒骄戒躁，谦虚谨慎，别挖个陷阱你就跳！

第 8 课　面试现场没有“无期徒刑”

面试是一个变化多端的“战场”，情况瞬息万变，所以出错在所难免。如果不想让错误毁了你的求职，就要培养自己应对突发问题的能力，只有这样，你才能在职场面试中如鱼得水。

俗话说：“上天为你关上一扇门的同时，也会为你打开一扇窗。”在求职中就更是如此了。面试现场没有“无期徒刑”，即使招聘的大门已经关闭了，只要我们不气馁，积极应对，完全有可能推开已经关闭的大门。

失败算什么？来个“回马枪”

失败也是我所需要的，它和成功对我一样有价值。

——〔美〕爱迪生

在求职面试中，招聘人数、招聘岗位的客观需求和应聘者的临场表现等因素，综合决定着应聘者的去留。面试过程中，由于紧张、恐惧，难免会犯一些错误。所以，应聘者要做好最坏的打算，更重要的是要准备好面试失败的“补救措施”，以便伺机“卷土重来”，杀个“回马枪”。

问题板

在求职面试中，一些单位或企业常会因为各种各样的原因将应聘者拒之门外。很多应聘者一旦得知应聘无望，便会悻悻而去。

其实，这是一个天大的错误！

我们常说，胜不骄，败不馁。求职时，就算得知自己面试失败，我们也不能气馁，要善于抓住最后一根“稻草”。

实战案例 1：败不慌，收拾自己散落的“一地鸡毛”

某服装商厦招聘销售督导，因待遇优厚，工作环境良好，应聘者众多，应届毕业生黄丽菲和同寝室的姐妹们也来“应战”。为了让应聘者尽快熟悉销售督导的工作职责和销售的服装款式，面试安排在服装储藏区。在黄丽菲面试时，考官说：“优秀的销售督导，首先应该是一名合格的导购，能‘艺’压群雄，带领销售团队提升业绩。请问你会如何策划一场销售活动？”

为了展示自己的才能，黄丽菲叫来同寝室的姐妹，现场组成了一个销售团队。她在前面高喊：“姐妹们，打起精神来！我们的目标是……”“销售到底！”姐妹们齐声答道，并且拿起储藏区的衣服挥舞起来。“来来来，走过路过，定会让你‘衣衣’不舍，买新款打折，买旧款……”她还没“表演”完，考官就打断她，说道：“有点儿像批发市场，闹哄哄的，不知道的还以为是我们商场请来的托儿呢，以后再合作吧。”

听到这样的点评，黄丽菲颇为尴尬，但她仍面带微笑地转向自己的“后援团”说：“姐妹们，谢谢你们的极力配合。现在请大家帮个忙，把刚才弄乱的服装放回原位，然后到队伍的左边‘观战'，不妨碍其他人面试，谢谢。"

没想到，黄丽菲这几句话给考官留下了好印象，后来她竟然接到了录用电话。

应聘者要像推销产品一样，把自己在短时间内推销出去。当然，"顾客"对"产品"是喜是恶因人而异。如果你收到差评甚至直接收到失败的通知，千万别慌张，最重要的是摆正心态。黄丽菲为了表现自己的销售能力，模拟了一个销售现场，但这种行为并没有被考官认可。这时，她没有慌张，而是召集"后援团"收拾好弄乱的衣服，并提醒姐妹们不要妨碍其他人面试。这不仅体现了她做事善始善终的好品质，也表现出了一定的组织能力和现场协调能力，让面试官刮目相看。

实战案例 2：败不馁，重塑被人忽视的"职业素养"

琼丝参加银行的公关代表复试时，招聘方经理当面告知她没有被聘用，理由是她的形象不适合。原来，那天她穿了一身日常的衣服，素面朝天，相貌平平，很不起眼。

听到这样的话，琼丝很不甘心。本来那扇会议室的门已经在她身后关闭了，她却突然转身又打开门，对经理说："面试的主动权掌握在您的手里，说起来我没有讨价还价的资格。其实您不需要任何理由就可以决定我是否被聘用，但您给了，而且给的恰恰是一个我不能接受的理由。我可以用一分钟换一套衣服，用两分钟换一种发型，但我的学识和内涵才是真正可贵的，我头脑冷静，遇事能随机应变，这些才是公关职位真正需要的东西。我多年来磨炼的种种技能，是无法被服装、发型等外在形象改变的。当然，

我相信您做任何决定都是经过深思熟虑的。”

琼丝说话时，经理频频点头。第二天，公司与琼丝联系，告诉她被录用了。

琼丝因为自己的形象问题被刷了下来，但她并没有甩头就走，而是杀了个“回马枪”。她坦言自己没资格改变面试结果，但对“判决理由”提出了疑问，认为外形虽然重要，但可以在短时间内轻松改变，而自己固有的学识、内涵及冷静机智等品质才是真正可贵的。这番陈词展现了她的自信，更体现出她优秀的公关职业素养，使她最终赢得了入职机会。

面试官和求职者并非“敌人”，求职者在面试中因出现失误或者不占优势而被刷掉之后，如果能伺机“反攻”，面试官一般也不会全盘否定，所以不妨大胆为自己争取。

随堂练习

吴尚去应聘主持人，总监看完其简历说：“三年前，你曾在一家很有名的栏目做主持人，后来，你辞职去做培训，现在又想做回主持人，那你为什么不去原来的单位试试?”

“我觉得我还是抹不开面子，好马不吃回头草吧。”吴尚说。

“假如你跟某位曾经采访过的名人有了矛盾，但现在这人名声越来越大，这样的‘回头草’不吃可是最傻的‘马’了。看来，主持人应该具备的好人品、好口才、细心眼和厚脸皮，你还不完全具备。”总监说完，就招呼下一位等待的面试者了。

换位思考：面试失败的吴尚并没有走掉，他想再次"推销"自己。他再次走进会议室，这回他该怎么说呢？

参考答案： 对不起，总监，虽然我失败了，但很感谢您让我明白了一个优秀的主持人应该具备什么样的素质。26 岁时，我一帆风顺，主持人的光环让我感觉自己无所不能，所以后来我去做了培训。可我发现这与自己的梦想背道而驰。经历了浮沉之后，我想重走来时的路，所以，我学会了向"事"低头。今天的面试，听了您的指点，我发现，我还没有练到向"人"低头的境界。所以，我想迈出这一步，虽然您这儿没有多余的"草"了，但您教会了我怎样去做一匹饿不死的"马"。

亮点分析： 吴尚没有给考官留下"最美的第一印象"，但他"卷土重来"，怀着感恩之心，向考官"汇报"了自己在面试中的最新收获。他"向'事'低头"和"向'人'低头"的感触，让人觉得他善于学习、懂得反省，于是面试官给了他第二次机会，让他能够有所作为。正是这个漂亮的"回马枪"帮吴尚挽回败局，得到了频道主持人的职位！

口才支招

1. 求职失败后千万不要一味抱怨，而应该以一颗感恩的心去面对这次求职经历和应聘单位。因为通过这次面试，你一定得到了一些收获，比如考官指出了你的不足或者需要努力的方向，这些都是书本上学不到的宝贵经验。

2. 抓机会要眼疾手快，但不要死皮赖脸，因为求职不是求人。特别是"回马枪"环节，如果为了得到岗位而无原则地迎合面

试官、失去自己的主见，同样会得不到面试官的认可！

来点儿幽默，让面试官回心转意

一个成功的人是以幽默感对付挫折的。

——〔美〕詹姆斯·潘

德国19世纪著名作家冯塔纳做编辑时，有个诗人故意挑衅，送来一首没有加标点的诗，还狡辩道："我对标点向来不在乎，需要的话请你自己加上吧。"

冯塔纳立即将稿退回，并说："我对诗向来不在乎，下次请您寄点儿标点符号来，诗由我自己写好了！"

那位作者无言以对，却对冯塔纳的机敏才智深感佩服。

幽默就是力量！幽默不只是娱乐自己，同时也给他人带来了轻松愉悦。我们说，伸手不打笑脸人。只要对方会心一笑，还有什么解决不了的大事呢？在工作中善于运用幽默力量的人，总是能保持一个良好的心态。在面试中，幽默的人也更能左右逢源。

问题板

考官真难"伺候"，你一本正经地回答问题，他让你别这么严肃；你跟他微笑对答，他说你嬉皮笑脸……在求职时，求职者难免会遇到一些棘手的场面，或是面试官给你施压，进行压力面试；或是自己过于紧张，回答出现失误。

如果想挽回局面，必须学会化尴尬和紧张为幽默和轻松。幽默，是人与人之间的润滑剂，能够调节气氛、转换情绪、化解尴尬、缓和冲突，大多数人都不会拒绝有幽默感的人。

记住，越是棘手的事情，越是需要幽默！

实战案例1：如果人人都有机会，那我不就危险了？

在求职中，面试官经过长时间的“会客”式面试，容易形成“审美疲劳”，或许会出现看走眼或者说话不当的情况，引起求职者的负面情绪，造成现场尴尬的局面。此时，作为聪明的求职者，要学会适时反击。不过，作为被动方，反击不能太过尖锐，否则就会适得其反。可采用幽默式反击，让对方无言以对却又不伤和气。

司马小君在一家保险公司面试的时候，面试官被前面几位表现平平的面试者影响了心情。轮到他面试时，面试官没好气地说：“如果你和前面那几位一样愚蠢，我会瞬间把你淘汰掉。为什么这么多求职者面试前不好好做准备呢？”

司马小君一句话还没说，就被面试官给了个下马威。他听后，先是一怔，转而又笑了笑，说：“尊敬的面试官，我很同意您刚才所说的机会是留给有准备的人的观点。那么，我想问您几个问题，希望您配合。”

面试官听完他的话怔了一下，随即说：“好吧，看你能玩出什么花样。”

司马小君问：“今天来了多少面试者？”

“不少于100个。”

“贵公司预计招聘多少人？”

“顶多20。”

“您已经有多少心仪的了？”

“差不多了。”

“这就对了嘛！我知道您是本着对公司负责的态度招聘的，要是人人都准备得很好，回答也令您满意，那么，您将难以取舍。再说了，如果人人都有机会，那我不就危险了？我的问题问完了，请您向我提问吧。”

面试官听了司马小君的一番话，微微一笑，萦绕在心头的烦恼消解了许多，他对司马小君的态度也明显温和了许多。

很显然，司马小君是幽默的受益者。面试官因为受前面几位面试者的不良影响，可能对后面的面试者产生不耐烦情绪。司马小君变被动为主动，连续发问，扭转了战机。他用“如果人人都精心准备，面试官岂不是难以取舍”的极端假设让人会心一笑，最后还不忘给自己拉上一票，将别人的没准备解释成是对自己的宽容，是给自己的一个机会。面对如此机智幽默且低调谦逊的求职者，面试官当然不会再去出难题了。

实战案例2：如果我做主持，那咱们单位可赚大了

在面试时，巧妙使用夸张的表达手法，不仅会使面试氛围变得轻松，还会加深面试官对你的印象。面试官满意了，工作的事情就十拿九稳了。

有一位求职者应聘一家电视台娱乐频道的主持人，在才艺展

示过程中，其超强的模仿能力为他加了许多印象分。他将很多国内知名歌手的声音模仿得惟妙惟肖，很多名嘴主持的主持风格他也拿捏到位。看过他的表演秀环节，面试官问他："假如让你来主持一场娱乐节目，你觉得效果应该达到什么水平？"

这位求职者说："如果我做主持，那咱们单位可赚大了！因为单位花一份钱，可以同时请到不同风格的主持人：字正腔圆的'播音腔'，风趣幽默的'综艺范儿'，应有尽有，是不是赚大了？而且观众也赚大了，我怕他们看了咱们的节目之后，就会忘记遥控器放哪儿了。您想，有歌曲串烧，有才艺表演，有大咖模仿秀，他们还需要换台吗？"

求职者夸张的语言博得考官一阵欢笑。电视台最终决定留用这名求职者，并为其量身打造了一场脱口秀节目。

这位求职者模仿能力很强，已经给自己加了一些印象分，其幽默的语言、夸张的表达无疑为其锦上添花。他表面上夸耀自己的模仿能力，实际上是在暗示面试官，自己如果能主持这档节目，会充分利用自身优势，达到"单位赚大了"的效果。

随堂练习

吴静茹在面试经理助理的岗位时，经理问了她一个很生活化的问题："在生活中与异性交往时，你是'小鸟依人'型的还是强势独立型的？"

换位思考：这个问题和求职有什么关系？面试官想知道什么？快帮吴静茹出个主意吧！

参考答案：我从小与人交往都是小心翼翼的，特别是异性。有人说我像只刺猬，这话没错，但是我想，我是一只懂得拥抱的刺猬。

亮点分析：面试官问及异性交往，看似与职场无关，其实却暗藏玄机。单位中形形色色的人都有，作为经理助理更是需要接触各类员工。所以，交际能力如何，也是考官考察的重点之一。吴静茹的回答很巧妙，因为她既避开了面试官所问她与异性交往的问题，又回答了面试官的提问，并且答到了点子上。她的话语幽默机智，能够赢得面试官的好感。

口才支招

1. 一个人不是天生就有幽默细胞的，这需要后天的培养。如果你本身不具备幽默调侃的能力，中规中矩的回答也并无大碍。切不可为了幽默而幽默。

2. 遇到困难，人最本能的反应就是躲避，这不是什么丢人的事。同样，在面试中，当你明显感觉被面试官套进圈套时，最明智的办法就是跳出圈套，闪避一下，不接他的招。

记住，面试官并没给你判“死刑”

聪明人决不等待机会，而是攫取机会、运用机会、征服机会，以机会为仆役。

——〔波兰〕肖邦

一个人的成功，除了要靠自身的能力，也离不开机遇。对于处在人生选择重要关头的求职者来说，要懂得绝处逢生。即便是被面试官否定了，也要努力争取最后的可能，或许，面试官会被你的真诚打动，让你通关。

问题板

很多求职者都有过这样的经历：自己由于紧张、恐惧，在面试过程中出现了一些失误；当意识到出错后，自己又会更加紧张，导致接下来的表现越来越差。

其实，面试官并没给你判“死刑”。

面试过程中的一点点小失误并不可怕，只要及时采取补救措施，问题就会迎刃而解。

换句话说，要抓住危中之机！

实战案例1：松下幸之助是自助者天助

松下幸之助是享誉世界的企业家，被称为“经营之神”。然而他年轻时，家境却很贫寒，日子过得捉襟见肘。

一天，他去一家电器公司求职，人事主管看他矮小瘦弱、衣衫褴褛，便说：“我们现在暂时不缺人，你一个月以后再来吧。”主管怕伤其自尊，故委婉拒绝，没想到一个月后，松下幸之助真的出现了。人事主管有些吃惊，又推托说今日有事，过些天再说。

几天后，松下幸之助再次出现，这位人事主管觉得难以置信。他盯着态度诚恳的松下幸之助，许久才说：“我干这一行几十年了，还从没见过像你这样找工作的，我真佩服你的耐心和韧性。”这一次，松下幸之助求职成功，他在电器行业的辉煌事业就此发轫。

自助者天助！求职的人都想一举成功，但大多数情况下并不能如愿，为此求职者应有不怕失败的韧性。松下幸之助家境困难，急需一份工作养家糊口，其迫切心情可想而知。但如果他在第一次被拒绝后就放弃，那么他的工作也会遥遥无期。因此在应聘时，如果你觉得自己的希望很渺茫或预感到会失败，千万不要表现出失魂落魄的样子，更不要乱了阵脚。一定要沉住气，调整好心态，若技不如人，就要查漏补缺，赶超向前，只有这样才会迎来“柳暗花明又一村”的转机。

实战案例2：赵普：从“龙套工”到金牌主持

赵普大学毕业后，到北京电视台求职，由于种种原因，他遭到了拒绝。但他并没有灰心丧气，而是请求电视台给他一个学习的机会。虽然电视台最终答应留下他，但当时只是让他配配音，或是跟着台里的正式员工到演播室看他们出镜。赵普始终毫无怨言，干得异常卖力。

第二年春节，台里一档迎新春的节目还需要补录一些外景，需要一个外景主持人。可是这时台里的正式主持人不是正在录制其他节目，就是回家过春节还没回来。机会终于出现了，赵普找到节目制片人说：“可不可以让我试一试？”制片人见无人可用，就同意了他的请求。没想到他把节目做得非常精彩，不仅征服了观众，而且还得到了领导和同行的赞赏。从此赵普便一发而不可收，由“龙套工”变成了主持人，后来又调到中央电视台，成了全国著名的金牌主持人。

自己的求职意愿因为单位没有招聘计划或其他原因而难以实现的时候，不要立即放弃。学学赵普，必要时可以先降低自己的求职需求，除非这个单位你不满意。想想看，在自己喜欢的单位工作，即便委曲求全，从最底层干起，也是有发展前途的。

这个例子也说明，求职者应该学会以退为进，先择良木而栖，背靠大树，之后再考虑“乘凉”的最佳位置。

随堂练习

高中毕业后，罗乃暝就做了一线配电工。为了有更好的前途，他通过自学拿到了电大的本科毕业证，但是应聘时，面试官还是嫌他不是“正规军”而予以拒绝。罗乃暝该怎么说才能挽回呢?

换位思考：罗乃暝撞到“枪口”上了，强攻不成，只能智取

参考答案：我高中毕业后就踏入了社会，我身边有很多低学历者。他们没有学历，只能出苦力。看到这些，我其实是不舒服的，因为我也将成为他们中的一员。为了摆脱这种命运，我拜师学艺，成了厂里技术最好的配电工。我觉得学历低不要紧，只要好学、肯干，也能获得老板的认可。我感觉我的学习能力还可以，说实话，自考本科其实并没有想象中的那么简单。我吃过苦，我更不怕苦，我相信我能胜任贵公司的工作。

亮点分析：面对面试官的学历歧视，罗乃暝没有退缩，而是

据理力争，用自己的实绩和能力去打动对方。在外在条件处于劣势时，应聘者只有充分展示自己潜在的气质、智慧和能力，特别是自身拥有的实实在在的技能，才能在求职实战中获得一线生机。这也是罗乃暝的成功之处。

口才支招

1. 面对一连串的否定，很多应聘者直接被吓蒙了，扭转局势更无从谈起。所以，首先要做到临危不乱，如果你自乱方寸，那就等于自我放弃了。

2. 面试官有可能因某一方面的缺陷而否定你，但是如果你有其他方面的能力、专长，一定要抓住机会，充分表现。

第9课 接住考官抛出的“烫手山芋”

别看面试场合考官时而谈笑风生，时而嘘寒问暖，其实他们大多是“笑面虎”，在你觉得胜券在握时，可能会冷不丁地向你抛出一些敏感的甚至是让你尴尬的问题。面对突如其来的“烫手山芋”，求职者的应变能力决定了自身的去留。

把自己“清零”，做个“白纸新人”

在我的公司里，我更愿意雇用有潜质的人，而不是那些有经验的人，因为从长远来看，潜质更有价值。

——〔美〕比尔·盖茨

每个企业在经历了失败与成功的探索之后，都形成了自己的企业理念、风格和模式，对于新入职的员工，企业首先要做的就是将企业精神灌输给新员工，以便形成团队凝聚力。所以，作为一个有过职场经历的人，在入职心态上一定要保持“白纸状态”，要让企业觉得你可塑性强，没有被以往的工作经历模式化。

经常会有这样的情况：在面试中，有些因为从事过相关工作

而对面试信心满满的人却灰头土脸地走出了面试室，而那些毫无经验的“职场小白”却幸运地获得了入职机会。

这种情况不是面试官看走了眼，而是他们觉得那些经历丰富的求职者被以往的工作经历固化了，总是按照以前的思维方式考虑问题，在可塑性上不如新人。

实战案例 1：艾丽华不当将军

艾丽华在他们市里算是首屈一指的名人：会写东西，发表过不少文章，还出版过专著，是市文联的干事。因为在公众场合露面的机会多，所以他接触了不少企业的老总。有一家五百强企业的老总想把艾丽华挖到自己的公司，负责公司的企业文化宣传与建设。聊天的时候，这位老总拍着胸脯说：“你到我们公司做宣传部部长吧！待遇从优，并且支持你搞文学创作。”

面对这么好的机会，大家都以为艾丽华会马上同意。但他却说：“为您这样的大企业家效劳，我当然是求之不得，但一上来就让我负责企业文化，恐怕风险太大。我虽然喜好文字，但对于贵公司的企业精神内涵，我了解得还不够深入，而且这也不是一两天就能悟透的。我可以从小处着手，先做个干事，等有了成绩，您不提拔我，我还不乐意呢！”

艾丽华说罢，两人不约而同地击掌而笑。艾丽华进入这家企业后，先从宣传干事做起，一年后，升为了主管企业宣传与文化的副总。

所谓“归零心态”，就是指求职者将以往的工作经历做“清零处理”，不让自己为已有经验所困，跳出以往的工作模式和思路。也就是说，不管你的过去多么辉煌，都要在新的起点从零开始。通过艾丽华的故事，我们不难发现，他之所以短时间内得到职位并迅速升迁，跟他在职场中的“归零心态”不无关系。

实战案例 2：顾恺“贱卖”了自己

顾恺到一家单位应聘技术总监的职位，企业的老总和几位副总亲自面试他。大家对他的条件都很满意，老总说：“你的条件很合适，但我们目前能给你开出的薪酬，大概只有你以前单位的80%左右。”

顾恺说：“我原先的薪水是不低，但那已是过去时了。我也算过这笔账。我是一个技术人员，比起薪水，我更看重的是研发环境。我在原单位曾作为负责人研发过多种新产品，每年能为公司创造数千万的利润。但是，话又说回来，原单位的技术我不可能带过来，所以，我愿意接受现在的薪资标准。但我的知识和经验将全部奉献给贵公司，也希望公司能在技术研发上给予我更大的支持。当然，等新产品盈利后，如果公司能在物质上对我进行肯定，我会更加高兴。”

企业老总高兴地握着顾恺的手，说：“没有问题，我们可以在合同中注明，只要你的新产品能给公司带来效益，公司就给你分红！”

每个人对薪资都有一定的期望值，特别是跳槽者，当然会有自己的心理预期。但是，跟新公司谈薪资待遇，你首先应该有配得上这份薪资的能力和贡献。虽然新单位开出的薪水较低，可顾恺着眼长远，首先，他态度谦卑，向企业老总阐述了自己过去的

贡献，引起了重视。其次，他并没有直接提出薪水要求，而是希望公司在技术研发上给他更大的支持，在这一点上，他和公司的利益是一致的，老总自然会答应。最后，他先讲贡献，再讲报酬，有了贡献以后，老板又怎么会吝啬报酬呢？

随堂练习

某单位倒闭后，主任和技术员一起去到另一家公司面试。出乎意料的是，两人通过面试后，招聘单位拟聘用技术员为技术总监，聘用主任为普通技工，并且技术员的工资高出主任很多。主考官对这位曾经的主任说："你在原来的企业属于中层领导、公司骨干，专业也和我们招聘要求相吻合，但是我们根据我们公司的状况，做了一些人事调整，希望你不要有什么情绪。"

换位思考：听了这番话，这位主任非常平静，你知道他是怎么说的吗？

参考答案：我承认，我与技术员在具体操作上有一定的差距，因为我脱离技术岗位已经很多年了。你们录用他为技术总监，说明你们慧眼识珠。我从普通技工做起，并不会有什么情绪，这样做，一是可以避开竞争的锋芒；二是从这个最基础的岗位干起，可以让我全方位地了解部门乃至全公司的业务情况，吸取各位优秀技术员的长处，为以后自己在公司的长久发展打下坚实的基础。

亮点分析：怀有"归零心态"的求职者会心态平和地面对他人的评价，摆正自己的位置。不受过去成绩的影响，反而能使个人能力得到更加充分的发挥。如果个人的行为习惯与公司的企业文化相差太远，往往会成为求职的障碍。这位主任并没有在竞争中占据优势，反而被以前的下属“抢”了风头，但他认清了形势，愿意清空自我，把自己调整到归零状态，赢得了面试官的赞赏。

口才支招

1. “职场小白”最大的优势就是“干净”，因其无经验、可塑性强，所以很容易让新公司根据自己的需要来塑造。

2. 没有经验，也就意味着没有“经验主义”的先入为主。因为要改变一个人的思维方式很难，时间也比较漫长，所以，有的公司会舍弃经验丰富的“老油条”，垂青实践经验不多但却更容易培养的职场新人。

3. 缺少“归零心态”，一味地觉得自己“高人一等”，会让自己的职业生涯受阻，影响新工作的开展。

别光点头，你就没有疑问吗？

问题是接生婆，它能帮助新思想的诞生。

——〔古希腊〕苏格拉底

通常公司在面试进入尾声时会给求职者一个提问的机会，有效利用这样的提问机会，不仅会给面试官留下良好的印象，同时也会增加面试成功率。所以，问什么、怎么问，就显得尤为关键。

问题板

"你还有什么问题吗?"

"你有什么不明白的吗?"

"你觉得这样可以吗?"

为什么面试官要这样追问我们?很多求职者都会遇到被面试官反问，或者面试官说得模模糊糊、不得不再次发问的情况。

其实，面试官也知道这一点，所以他们有心理准备，期待你提出问题，并且会做出回答。所以，面试时不要浪费向面试官提问的机会。

实战案例 1：借"应聘职位"之问，表达自己的独到见解

林凯普去某家婚庆公司应聘司仪一职，这是面试快结束时的对话：

面试官："看起来你很专业啊！那么，你还有什么不明白的地方要问我吗?"

林凯普："您过奖了。我个人认为司仪要具有足够的掌控庆典全过程的能力，既要给新人留下美好的记忆，又要让所有来宾都能高兴而来、满意而去。概括起来说，一是要有良好的沟通能力，二是要具有较强的随机应变能力。您觉得我的理解对吗?另外，刚才我说，我主持过二十多场婚礼，有一定的处理突发事件的经验，但我知道自己的资历还很浅，要学的东西还有很多。就目前您对我的了解，您觉得我还有哪些不足？应该从哪些方面去改进、提高呢？还请您能多加点拨，谢谢！”

面试官：“我觉得个人能力固然重要，但是团队合作精神更加重要。”

林凯普：“谢谢您的忠告。说到团队意识，我大学的一位老师曾经跟我说，‘团’是由‘口’和‘才’组成的，代表着一个有口才的人，也就是一个会讲话的人；‘队’是由‘人’和‘耳’组成的，代表着一群听话的人；‘团’‘队’二字合在一起，就是‘有口才的人’带着‘一群听话的人’，如此便组成了一个‘团队’。我认为这个‘有口才的人’就是婚庆公司的总策划，是公司的灵魂人物，而这‘一群听话的人’，就是公司的其他员工，包括摄像、乐队、音响、化妆、礼仪小姐、司仪等。如果只有‘会说’的策划而没有‘愿听’的员工，公司是不可能成功的，反过来也是一样。另外，我一直觉得婚庆公司就是要扮演好婚礼上的绿叶角色。您能不能和我分享一下您对这个行业的独到看法呢？”

面试官：“你问得很精彩，恭喜你，你成功了。”

在这里，林凯普借着对其所应聘职位的“问”，先是表达了自己对这个职位的理解，进而对前面的陈述“查漏补缺”，纠正之前的“言过其实”，表明自己谦虚好学的态度。而当面试官忠告他要有团队精神时，他不仅引用师长的一番妙语，表达了自己的独到见解，还巧妙地把问题抛向对方，让面试官刮目相看。可见，借“应聘职位”之问，既可表现出自己对所应聘职位的认识，又能趁机表达自己对职位的独到见解，从而给面试官留下深刻的印象。

实战案例 2：谈钱伤感情，但薪酬还是要问清

林高全去一家自己心仪的单位面试。直到面试快结束了，面试官也没具体谈待遇，只是说了一句："你应聘的生产调度岗位，基本工资 1500 元，绩效要看你的实际工作量。"林高全很想了解得更详细一些，便说道："据我了解，同样是生产调度岗位，有的单位是只要能完成一定的工作量便可以拿到绩效，这样能使员工有相对稳定的收入；有的单位是把工资与车间效益挂钩，这样更能调动大家的积极性。不知道贵公司采取的是哪种激励机制？"

面试官说："在我们这里，生产调度的薪水是和车间的效益挂钩的。虽然基本工资不高，但只要你努力工作，想办法提高你所负责产品的产量，你的薪水将达到七八千甚至更高。"

林高全说："谢谢！我很喜欢贵公司的激励机制，这样可以把员工的利益和企业利益绑定，增强责任感。希望能早日加入贵公司！"几天后，他便接到了录用通知。

作为求职者，当然希望能在入职前对单位有更多的了解，尤其是薪酬机制。可面试官由于某种原因没有深谈，如果你直接开口问，显然会给对方留下不好的印象。林高全的做法就值得借鉴，他没问具体的薪酬，而是询问企业的激励机制，这会让面试官认为他注重长期效益、追求长远发展。面试官做出解释后，他马上对这种机制表示赞同，一来获得了自己想了解的信息，二来也使得面试官认为他与企业非常契合，可谓一举两得。

实战案例 3：你知道为何你应聘的职位会空缺吗？

林建凯去面试某杂志的发行部渠道经理一职时，问了面试官一个非常专业的问题。他问："我觉得咱们杂志的受众面很广，而且已经有了多年的办刊经验，但我不明白的是这个岗位为什么会存在空缺？"

面试官解释道："本来这个岗位是不缺人的，现在空出来是因为原来的经理升职了，成了主管广告和发行的副社长。"

"您的解释让我很受鼓舞，我觉得，只要在贵社努力工作、干出成绩，提升的空间就会很大。"

某岗位招聘就说明该岗位缺人，询问"为何岗位会有人员不足的情况"可以判断公司是因为发展的需要而补充人选，还是因为人员离职导致岗位空缺。这可以让你明白这个岗位的员工要具备哪些素质，也可以帮助你判断该岗位的发展现状和前景。林建凯所应聘岗位的前经理去做副社长了，这无疑对他也是一种激励。

口才支招

1. 向面试官发问并不是漫无目的地闲扯，一定要问与工作相关的问题，比如升职空间、培训方式、薪酬待遇、公司愿景等。注意不要过问太多关于面试官私人生活的问题。

2. 别让自己问的问题反过来绊住了自己。比如，你问了个连自己都不知道有没有答案的问题，那就不好了。

如何应对面试官给你穿的“小鞋”？

世界上没有绝望的处境，只有对处境绝望的人。

——〔美〕艾瑞克·费洛姆

日常交流中，我们都有可能碰到这样的情形：面对别人提出的问题，你出于某种原因不愿意直接回答，但不回答又显得没有礼貌甚至有损个人形象。这是因为对方在提问中设置了两难的选择，让你感到骑虎难下。求职时，面试官也是会给你“穿小鞋”的哦！

问题板

现如今，用人单位在招聘员工时，对求职者的人际关系处理与协调能力非常重视，因此，在面试中，你或许会遇到面试官出的“夹缝难题”，比如：

“你的工作得到了同事的认可，却得不到领导的认同，你会怎么办？”

“你在执行公务时遇到你的好朋友私下里向你求情，你会如何处理？”

唉，被面试官给难住了，怎么办？

接招吧！逃避不是办法，面试官之所以喜欢给你“穿小鞋”，那是因为他想考验考验你。

实战案例 1：论资排辈，你吃不吃这一套？

刘良金去面试，面试官问他："如果在单位，老同志对你的工作指手画脚，甚至和你论资排辈，作为新入职的公务员，你该怎么办？"

刘良金说："我觉得老同志为社会、为单位做出了一定的贡献，这一点是不可否认的，我应该尊重老同志。但所谓论资排辈，是指选择提拔官员的标准是只认资历，不问能力。对于这种现象，我认为是不可取的。首先，论资排辈漠视贡献、优劣不分、奖罚不明，若长此以往，必定会挫伤广大年轻同志的进取心。其次，现在政策提倡干部年轻化，如果不破除论资排辈现象，干部年轻化就只能是纸上谈兵。要实行干部年轻化，就应该唯才是举，淡化资历。最后，可以肯定的是，随着社会的进步，论资排辈现象迟早会被打破。"

"你的认识很到位。"面试官微笑道。

目前，在一些传统的企业单位，论资排辈的现象仍然十分严重，这是非常明显的职业弊病。刘良金作答时，用发展的眼光看待问题。首先，他坦诚自己应该尊重为单位、为社会做出贡献的老员工；其次，他条分缕析，分析论资排辈的种种弊端，并且使自己的观点与政策精神相吻合，赢得了面试官的认可。回答这类问题，要学会高瞻远瞩，与国家的政策精神保持一致。

实战案例 2：当你遭到了投诉，你该怎么办？

窦立涛在面试电信客服职员时，面试官这样问他："你新到一

个部门，遇到一个客户来找你解决问题，你努力想让他满意，可是始终达不到效果，于是他投诉你们部门工作效率低，这时候你会怎么办?”

窦立涛回答道:“首先，我会保持冷静。作为一名客服人员，在工作中遇到各种各样的问题是正常的，关键是如何对待。我会积极应对，妥善处理。其次，我会反思客户不满意的原因。一是看是否自己在解决问题上的确有考虑不周到的地方；二是看是否客户不太了解相关的服务规定而提出了超出规定的要求；三是看是否客户了解相关的规定，但是提出的要求不合理；四是根据具体原因采取相应的对策。如果是自己办事不周，我会按照服务规定做出合理的调整，并向客户表达歉意；如果是客户不太了解政策规定而造成的误解，我会向他做出进一步的解释，消除他的误会；如果是客户提出的要求不符合政策规定，我会明确地向他指出。最后，我会把整个事情的处理情况向领导做出说明，希望得到他的理解和支持。当然，最重要的一点是，我不会因为客户的投诉而丧失工作的热情和积极性，而是会一如既往地牢记为客户服务的宗旨，争取早日成为一名领导信任、公司放心、客户满意的优秀客服。”

窦立涛凭借三寸不烂之舌找到了工作。

在招聘面试中，面试官问出与客户投诉有关的问题，并不是要测试你有无真才实学，而是在检验你是否能冷静地处理棘手问题，目的是考察你的心态和处理问题时的思维。

窦立涛对这个问题的回答很详细，很有条理，处理问题时灵活、不死板，给考官一种不慌不忙的稳重感，因此面试非常顺利。

随堂练习

黄海路参加某银行总行机关招考时，面试官问："现在，银行经常只开设很少的普通窗口，造成大部分人员排队等候，同时又开通 VIP 窗口方便重要客户，对此你有什么看法或建议？"

换位思考：遇到这事，该不该"大义灭亲"？帮帮黄海路！

参考答案：银行排队的现象，给广大中小储户带来了极大不便，容易引起客户不满，影响银行形象。这说明，银行柜台资源安排不合理、普通窗口与 VIP 窗口的开设数量与客户人数不协调、银行的自助服务利用得不够充分、银行职员的工作效率不高等问题依然存在。现在全国性的银行数量不少，但几乎都是各类业务"一把抓"，不但企业银行业务你争我夺，个人银行业务也是"寸土必争"，高端的 VIP 客户你争我抢，低端的大众金融同样不能放弃。严重的同质化竞争，导致银行客户群体杂乱，什么都做的结果只能是什么都不精。因此，在风险可控的前提下，允许更多类型的资本存在，设立更为多元化的金融机构，最终才能让更多的客户不再排队。

亮点分析：不管谈论什么话题，最忌讳的便是空洞无物，浮于表面。在面试回答问题时，就事论事是必须的，但最重要的是能透过现象看本质。黄海路在面试中以小见大，对问题的实质加以分析，并给出了切实可行的建议，为面试增色不少。

口才支招

1. 面试官给出的难题是无法预计的，我们不可能准备好一套

万能的“参考答案”。对此应聘者需要做到坦然面对，毕竟面试考察的首先就是心理素质。

2. 当遇到不知如何回答的面试难题时，你只要遵循“工作第一、大局为重”的原则，一般都能够有惊无险、顺利过关。

第四讲　怎么说，求职现场不再碰壁

求职面试，“错”从口出。现在有很多年轻的求职者自以为外在条件和基本素质都不错，在主考官面前“以我为轴”地夸夸其谈，认为能与考官对答如流，就可以捞足印象分。殊不知，恰恰是这种人最有可能被用人单位拒之门外。原因很简单，越是刻意卖弄，越是招人讨厌。懂得看脸色行事，不说让人忌讳、不合时宜的话，才能不碰壁。

第 10 课　别做面试现场的“大喇叭”

说话讲究有一说一，这需要说话者深思熟虑，三思而后言。同样，在面试时，知无不言、言无不尽并不是最受面试官青睐的行为。面试官问你的所有问题都是有目的性的，别不加取舍地想到什么就说什么，说得越多，错得就越多！

得寸进尺，让自己无路可退

廉者常乐无求，贪者常忧不足。

——〔隋〕王通《中说》

爱下象棋的人都知道，卒子过河之前只能向前直走，一旦过了河之后便可以横行霸道，威力无穷。其实，在求职过程中，求职者就如同“卒子”，雄心壮志再大，如果不跨过“楚河汉界”，就无法施展才华。所以，求职的真谛是只求“卒子”先过“河”，不能得寸又进尺，期望一口吃成个“大胖子”。

问题板

“我想找个离家近一点儿的单位……”

“贵单位要是能提供住宿就好了，或者有其他住房补贴也可以……”

你看，有些求职者工作还没着落，就开始挑肥拣瘦了……

有很多求职者追求完美主义，抱着“钱多事少离家近”的向往，对用人单位苛求完美，反而错过了很多机会。

 反面教材 1：魏贤萍被户口绊住了脚

两年前，江苏徐州的魏贤萍师范大学毕业后选择结婚生子，并与丈夫开了一家化妆品店，但由于经营不善，只得转手。如今，她和丈夫来到北京，加入“北漂”一族。为了减轻家庭负担，魏贤萍决定找份工作。在面试一家教育培训学校时，面试官很满意她的现场表现，在决定录用之前，问：“拖家带口来北京闯荡确实不容易，我们的优势是，学校职工的孩子都可以享受很多的优惠政策。你还有什么要咨询的吗？”

“请问学校有没有解决北京户口的可能？”

“学校每年都有户口指标，但我们是排队制度。另外，我们在全国有一百多家分校，徐州也有。如果在一段时间内没有解决你的户口，你也可以选择回老家发展，我们会向分校推荐你的。”

“我们想在北京发展，没有户口对孩子的教育是不利的，有没有破例的情况呢？”魏贤萍追问道。

“员工福利待遇是按员工的工作业绩和工龄综合考虑的，我们会适当进行人性化调整，但前提是公平公正。你的情况我会向领导反映，请回去等我们的电话吧。”

魏贤萍左等右等，也没有等来录用通知。

有人说，求职应聘就是和面试官的一场谈判。每个人都想在谈判中赢得利益的最大化，但是，谈判的最高境界是双赢。也就

是说，我们在求职时，既要为自己努力争取公平合理的待遇保障，也要考虑到面试官和招聘单位的实际困难，找到双方利益的平衡点。魏贤萍之所以失去应聘的岗位，是因为她要求单位解决暂时无法解决的户口问题。面试官已经表明他们学校实行“排队制度”，并且答应她如果解决不了户口，可以推荐她“回老家发展”，但魏贤萍像一个“卒子”一样死守着户口不肯“过河”，最终只能成为面试官的“弃卒”。

反面教材 2：窦长河跟编制死磕到底

博士生窦长河在参加国内某高校人才引进的招聘面试时，与对方谈得很融洽。在谈完个人待遇问题后，窦长河问：“我想咨询一下配偶随调的问题。”

“目前本科院校人才引进的政策是配偶为全日制硕士研究生且在非本市区工作的可随调。”

“我爱人是专科生，不过她已经有五年的中学教学工作经历了，有没有随调的可能？”

副院长为难地说：“这有点儿困难，因为本科层次的高校教师甚至辅导员都需要研究生以上学历。”

“两地分居是我目前最大的问题，能不能安排其他非教学工作，比如财务或者行政工作？”窦长河又问。

“如果配偶不能达到以上要求或选择不随调，我们会在一年内给予每个月一千元的生活补贴。如果想干行政类工作，我们只能安排校内一些没有编制的岗位。”

窦长河继续争取道：“我爱人现在的工作是有编制的，放弃编制太可惜了。”

"我们对此也无能为力，以后有机会再联系吧！"副院长见他死缠烂打，便起身与他握手告别。

已婚人士在求职时，一般都会排斥与配偶两地分居的工作，但如果不能"一步到位"，也可以"边走边看"，采取"分步走"的方式，解决分居难题。如上述案例中，窦长河就完全可以先就业，再让爱人通过继续深造或者考取当地其他有编制的工作等方式解决，没必要和应聘单位的招聘制度"死磕到底"。正是因为他不满于招聘单位解决配偶随调问题的制度，不愿向前"迈一步"，最终成了未过河的"卒子"，即便有才华也无法施展。

☑ 实战案例：刘瑞琪两手空空，王保保明哲保身

刘瑞琪和王保保都是影视动画专业的优秀毕业生，两人专业功底扎实，职业素养很好。在校园招聘会上，他们一起去应聘某知名动画公司的动画师岗位。总监看过他们的简历和作品后，表示很欣赏。但该公司在前几场招聘会中已经招到了几名动画师，岗位几近饱和。总监对他们说："我们公司非常需要有头脑、有实力的年轻人加入，你们的专业功底很强，是我们想要的人才。只是今年我们公司的动画师岗位名额已满，你们愿意从脚本做起，负责分镜头吗？"

"动画是我的兴趣，至于具体分工，我听从单位安排。"王保保很珍惜这次机会，很快就表示接受了。刘瑞琪却说："我觉得在动画师这个岗位上更能发挥我的优势，我之前参与过几部小动画，都是担任动画师，做这项工作得心应手。我觉得幕前的工作更有成就感。"

总监说："我们会尽量做到人尽其才，公司每年会有一次岗位调配。"

刘瑞琪仿佛看到了希望，问："那您能不能先把我调到动画师的岗位，一年后要是发现我不能胜任，再调换到其他岗位？"

"公司不是过家家，可以人性化，但不能随性化。"最后，这家公司只招收了王保保。

求职者最大的愿望就是能找到人尽其才的岗位，让自己的才能得到最充分的发挥。但是，现实往往不能让你"心想事成"，这就要求我们懂得选择和舍弃。刘瑞琪和王保保的意向岗位都是幕前工作——动画师，但招聘单位暂时只能提供幕后工作——脚本绘制。在出现矛盾时，王保保选择"先退一步"，而刘瑞琪却与面试他们的总监讨价还价。总监已经让步说会有岗位调配，但刘瑞琪仍不肯"过河"，而是让总监先把他调至动画师岗位。最终，总监只录取了王保保，刘瑞琪这颗倔强的"卒子"空手而归。

口才支招

1. 应聘过程中，不妨因势而动，将自己的心理预期或硬性要求适当降低。只要自己有理想、有目标，先让"卒子"过了河，以后还怕没有出头之日？

2. 如果某单位暂时无法满足你的要求，那就试着向后推算三年，看看那些工龄长你三年的人现在怎么样。不要拘泥于此时此刻，因为企业也在成长！

你或许找错了“参照物”

生活中没有参照物的人，可怜；选错参照物的人，可悲。

——网络妙语

把旧有的东西生搬硬套到新的环境中，用僵化的行为模式和过于自我的认识去指导现在的工作，以致与新单位的定位、风格发生冲突，最终会导致求职失败。

问题板

“我以前就是这样处理此类问题的……”

“我以前……”

停，能不能别谈以前的事了！

有些人容易把以往的成功经历、经验当作自己能够胜任新职务、新工作的理由。比如“我以前就是这样做的”，“别人这样做都能成功，我相信我也会有所突破”。这些看似有理有据的解释，其实是将事物的相关性等同于因果性了。

反面教材 1：上一份工作的薪资待遇不适用于这一份工作的薪酬标准

华文娟因为工作原因与丈夫长期两地分居，现在，她决定辞去上海某外资企业的业务骨干职位，回到丈夫所在的三线城市。这天，她参加了一家药企的面试。在谈及薪资待遇问题时，招聘

经理问："您对自己的薪酬有没有具体要求？"

"其实我也没有太高要求，和以前薪水相当就可以了。我在上海的外企起薪是两千元，离职前，月薪是一万元。所以，我想这边的工资应该不能低于八千元。因为我觉得凭我的个人阅历和资历，到贵公司工作也能得心应手。这就是我的心理预期。"

尽管华文娟降低了标准，但还是超出了企业的预算，经理说："我们是三线城市的普通企业，工资薪水是根据当地一般企业的薪资水平结合我们企业自身的薪酬支付能力确定的，肯定不能与一线城市实力雄厚的外资企业相提并论。"

"如果工资太低，我还不如待在原单位。其实，我丈夫也可以去上海工作，只是父母都在这边。"华文娟说。

"这样吧，你回去等我们的通知，我会将你的要求传达给领导的。"很显然，这是一句委婉的客套话，华文娟失去了这次机会。

薪资高一定程度上反映了能力强，但能力不是决定薪资的唯一标准，它还受到地区经济、行业差异、供求关系等多种因素的影响。有些人认为，自己在原先的单位薪水已经达到了一定高度，那么降低标准后跳槽求职就会十分容易。其实不然，你觉得已经"自降身价"了，别人却还是觉得你"狮子大开口"。所以，不能拿上一份工作的薪资待遇去衡量当下应聘的这份工作的薪酬标准。正是因为华文娟对薪水的要求没有考虑到当地的薪资水平，要价不切实际，所以只能与这份工作失之交臂。

反面教材 2：他人的成功经验不能生搬硬套、直接复制

伟嘉在海外留学时学的是广告策划，曾在国外一家广告公司

做过实习策划。回国后，他到一家广告公司应聘。因为有海外留学背景，所以他直接进入了面试环节。

面试官给伟嘉出了一道创意题："假设你现在接到了一个比基尼厂商的广告策划案，这个广告的目的是将比基尼推向大众，你会怎么立意呢？"

伟嘉略作思考，答："我实习时看过国外一家婚纱公司的宣传片，他们用'一婚一纱一终生'为创意进行大众化宣传。在我们的案例中，我觉得可以拍几组普通家庭的夫妻从纸婚到金婚的比基尼婚纱照，照片由黑白古朴到时尚彩色，以此向人们展示比基尼设计和流行路线的演变以及带给女性的不老之美。"

"普通家庭的女性可能对这种时尚的、开放的，特别是观赏性大于实用性的东西不感兴趣，特别是中老年女性。"考官有些疑虑。

"现在社会越来越开放、包容。在国外，这些都已经见怪不怪了。给主要演员支付高额费用，应该行得通，而且市场上不乏成功的案例，国外很多知名品牌已经成功走向大众。"

"这不是钱能解决的问题！而且那是在国外，国内还是相对保守。你还有其他想法吗？"考官问伟嘉。

"这……"

别人采取某种方法获得了成功，说明这种方法在一定条件下是行之有效的，但这并不能保证我们如法炮制就也能成功。我们都喜欢向成功人士学习，研究甚至模仿他们的做事方法。但在求职时，就像世界上没有两片相同的树叶一样，别人的成功模式也并不能生搬硬套到自己身上。伟嘉模仿其他品牌的策划创意，却

忽略了具体的国情，没有把自己的创意与实际情况相结合，当然遭到了考官的否定。

反面教材3：你的兴趣所在并不等于你的能力所及

应届毕业生骆晓飞爱好旅游，大学期间曾去过国内外很多大城市，所以她对某家旅游网站的旅游体验师一职志在必得。面试时，面对旅游经历丰富的应聘者，考官少不了“刨根问底”一番。

“你觉得你能胜任旅游体验师一职的优势在哪里?”考官问。

“我最大的爱好就是旅游，我有过很多旅游经历，而且我勇于探险，富有激情。”骆晓飞回答道。

“你觉得旅游体验师应该具备哪些素质?”考官追问。

“首先，我觉得应该对旅游有浓厚的兴趣；其次，应该具备组织能力，能带团。”骆晓飞回答。

“小骆同学，虽然说兴趣是最好的老师，但是干工作光有兴趣是不够的。比如我们的旅游体验师，热爱旅游只是最低要求，最重要的还是能宣传景点并带动当地的旅游发展。既要文字功底好，能感染人，还要会拍照，能用照片吸引人。所以，兴趣所在不等于能力所及……”显然，骆晓飞还没有达到招聘单位的要求。

对一件事情感兴趣会提高把事情做成功的概率，但这并不代表有兴趣就一定能把事情做成功。很多求职者会陷入这样的误区，认为只要充分表明对招聘岗位感兴趣，就能博得面试官的认同，其实这并不是问题的关键所在。求职时，阐述对职业岗位的浓厚兴趣是必要的，但更重要的是说清楚自己的能力。不要把相关性等同于因果性，你的兴趣所在不等于你的能力所及，有兴趣不等于有能力，骆晓飞正是吃了这个亏。

口才支招

1. 记住，不能生硬地把以往的经验、资历往新工作上套用。虽然从事实来看，以往的工作经历，特别是相关工作经验会为新工作的面试加分，但一定不能生搬硬套。

2. 把相关性等同于因果性的主要原因是求职者过于主观化，没有正确地认识自己，也没能看清不断变化的情况。因时而动，找准定位很关键！

答非所问，面试扣分

问官答花——驴唇不对马嘴

——歇后语

某招聘网站针对“HR不能接受的求职者个性行为”进行调查，“面试时答非所问”就是其中一项。可见，在求职面试中如果出现答非所问的情况，不管有意还是无意，都会给面试官留下非常不好的印象。

问题板

面试官：“你喜欢销售吗？”

求职者：“我以前做过很多促销工作，有销售方面的经验。”

面试官："你喜欢与人沟通吗？"

求职者："我以前性格很内向，但是经过大学四年的锻炼，现在已经很外向了。"

面试官："如果得到这个职位，你想干多长时间？你希望从中得到什么？"

求职者："我的理想是创业，希望以后有自己的事业，所以我想从这份工作中积攒经验。"

……

这个求职者没有明确回答面试官提出的问题，传递的都是与之相关但不重要的信息。这种"答非所问"的现象在面试中十分普遍。求职者最容易在一些简单的问题上答非所问，如此就给面试官留下了不好的印象，最终导致求职失败。

反面教材 1：陈明贤把面试官惹毛了

陈明贤大学毕业后到一家物流公司应聘。负责招聘的面试官对陈明贤的简历表示满意，随后问他："你觉得我们公司的发展前景如何？说说你的看法吧。"

陈明贤根本没有想过这个问题，只好边想边说："其实我的看法并不重要，每个人都有自己的看法，重要的是我想在贵公司上班，我觉得我可以为公司创造应有的价值……"

面试官打断他说："我问的是你对我们公司在整个市场上的发展前景有什么看法。"

陈明贤好像还是没有理解面试官的意思，依然自顾自地说："我的看法也未必正确，很多人的看法也未必正确……"

“好了，”面试官失望地说，“你回去等通知吧。”

面试中，面试官提出的问题过大过宽，使求职者不知从何答起，这是常有的事。面对这种情况，求职者一定要保持镇静。对于不太明确的问题，一定要采取恰当的方式问清楚，并请求面试官给予更加具体的提示。每个人都不是全才，面试官也不可能要求求职者无所不知，所以，求职者不必为自己的“无知”而烦恼，甚至感到无地自容。最重要的是，千万不能因为自己不懂就牵强附会，与其回答得驴唇不对马嘴，东拉西扯，还不如坦白承认自己不知道。

反面教材 2：张超转移话题被灭灯

在某期职场真人秀节目中，长相酷似“小沈阳”的求职者张超想求得一个主持人的职位，但口语表达能力不达标。来自传媒公司的嘉宾刘同便建议道：“我觉得你做主持人可能还有些欠缺，你可以考虑一下做幕后。你会做一些幕后的工作吗？”

张超回答说：“我会剪辑和制作。”

刘同又问：“那如果你未来彻底不做主持人了，你会难过吗？”

张超突然转移话题说：“我们老师这样说过，其实主持人是个杂家，很多东西你都得涉猎。但是，我现在也存在着一些疑惑，因为有时候我觉得过多地涉猎这些东西，反而让自己有一种学艺不精的感觉。”

刘同听了，觉得莫名其妙，说：“我没太听懂你的意思。”而来自某家知名网站的嘉宾申晨更是直接地说：“从开始到现在，我感觉你都是答非所问。你好像听不懂别人说话似的，听不懂必然

说不清。听不懂、说不清，就无法与人正常沟通。无论你做什么职位，只要是在职场上，无法正常沟通，一定是一个很大的硬伤。”

最后，十八盏灯全部熄灭，张超求职失败，遗憾离场。

面试中，求职者肯定会对自己渴望求得的职位或者自己熟知的东西讲述得更多，也更愿意谈。但是有些时候，面试官难免会问你一些你没想过或你不擅长的问题，这时还要自说自话就不合时宜了。就比如这个案例中的张超，嘉宾看出他不适合做他自己最希望做的主持人，于是给他指出了另一条路（做幕后工作）。但是，张超一门心思只考虑自己的兴趣，根本没有正视嘉宾的提问，而是继续谈论与主持人有关的话题。如此答非所问，最后失败也就在情理之中了。在面试中，为了讲自己喜欢的东西而对面试官的问题答非所问，只会自讨苦吃。

反面教材 3：胡小伟把辞退曲解成辞职

胡小伟原本是一家大型企业的部门主管，由于和上级领导发生矛盾，最后被辞退。之后，胡小伟去一家小型企业应聘。面试官是企业老总，老总对他的工作经历很满意，在言语中还流露出有可能录用他的信号。出于关心，老总最后问道：“你的业绩做得很好，他们为什么要辞掉你呢？”

胡小伟不想提起自己与领导发生冲突的事，就说：“我原来的单位在行业内应该算一家很不错的企业，但对中层领导的管理非常不到位。这些年来，我一直勤勤恳恳地做事，业绩也做得不比别人差，可他们说辞退我就辞退我，公司制度太不合理了！”

老总越听越觉得不对劲，便提醒道：“我问的是他们为什么要辞掉你。”

胡小伟愤愤不平地说：“其实不用他们辞退，我迟早也会离开的。在那里干，不可能有好的发展。”

听到这里，老总突然改变了自己最初的想法。因为他发现，胡小伟根本无意回答自己的问题。

很显然，胡小伟对老总的回答没有答到“点子”上。老总想要知道的是胡小伟为什么会被原公司辞退，胡小伟因为不想暴露自己是因为跟领导吵架而被辞退的，所以不肯正面回答，而是故意绕开话题，细数原公司的种种不足，话语中满是对原公司的不满情绪。这让面试的老总对他产生了质疑，最终打消了录用他的念头。

口才支招

1. 面试官提出的问题，并没有人逼着你给出完美的答案。不知道如何回答的问题，可以用请教的口吻反问面试官。虚心求教总比不懂装懂、答非所问好！

2. 求职面试，不能因为你不想回答面试官的问题，就故意岔开话题说另一件事。别人说东，你偏要说西，这样的做法是不可能令面试官满意的。对于面试官来说，他只想听到他想知道的，他不想知道的你说了也没有意义。

第 11 课　面试切忌"无理辩三分"

中国有句俗话，叫作"有理走遍天下，无理寸步难行"。"无理"就是诡辩，是指通过施展种种诡辩手法，歪曲、掩盖真理，为某种言行强行辩解。一旦有人揭穿其内里，诡辩者就会立马变得惶恐无措、难圆其说。

如此"常有理"，只能让你得不偿失

坦诚是最明智的策略。

——〔美〕本杰明·富兰克林

有些人之所以求职失败，或许是因为过去努力不够，或许是因为准备还不充分，如果只会怨天尤人、无理强辩，那就永远不会进步。不要为自己的失败找借口，而是要为成功找方法。求职时，越是"常有理"，越是占不到便宜。

问题板

一次，段祺瑞和儿子段宏业下棋。段祺瑞大败，便怒斥段宏业道："你这小子，一无所能，就知道玩这个，你以后能有什么出息？"段宏业被训斥后，第二盘有意输给了段祺瑞，段祺瑞又骂道："你这小子，连个棋都下不好，以后还能干什么？"段祺瑞左右都是理，段宏业只能左右都为难了。

看到段祺瑞训子，我们会想起社会上有这么一种人：强词夺理，善于狡辩，人称"常有理"。他们像墙头草一般随风倒，善于见风使舵。他们坚信兵无常势、水无常形，因此决不固守一个堡垒、老死一个战壕。

这么"聪明"的人，在求职应聘时，应该会得心应手吧？

不，恰恰相反！左右都是理，可让"常有理"们吃尽了苦头。

反面教材 1：技不如人的"常有理"：优胜劣汰是自然法则

刘喜兵在一家广告公司任文案策划专员，最近他感觉自己在单位受到排挤，准备跳槽。招聘单位的刘经理看刘喜兵有工作经验，便问："小刘，有没有带一些你做过的比较经典的案例呢？"

刘喜兵递上一本装帧精美的画册，说："这是我参与的一个案例。"刘经理看完后，略带疑问："做得确实不错，但我发现你在这个案例中只是助理，你有没有独立完成的案例呢？给我讲讲你在以前单位的工作情况吧。"

刘喜兵抱怨道："我刚进单位时，都是独立负责案子。但前不久，总监的表弟调到单位，策划方案都是他牵头、我辅助。所以，我选择了辞职。"

刘经理问："你们单位的订单是通过竞标制获得的吗？"刘喜兵答："是的，大订单都是竞标得来的。"

刘经理继续问："那你可以申请独立完成啊。"

刘喜兵委屈道："枪打出头鸟啊，您应该明白我当时的苦衷。"

刘经理莞尔一笑："小刘啊，我还真不明白你的苦衷。你们既然是通过竞标获得的订单，那说明你们的策划方案是成功的。你们老板把机会留给他的表弟，这是人情。但市场遵循优胜劣汰的自然法则，这个表弟的方案要是不过关，招标单位可不会答应。"

最终，刘喜兵没有应聘成功。

自然界的竞争遵循"物竞天择，优胜劣汰"的法则，职场上也是如此。所以，不论求职还是工作，想要在竞争中占有一席之地，就必须历练自己，提升自身竞争力。刘喜兵把自己在职场上的被动完全归结于他人，但当面试官追问他为什么不申请独立完成时，他却又以"枪打出头鸟"为由搪塞，左右都是他的理。这样的"常有理"要能力没能力，要胆识没胆识，谁还敢聘用？

反面教材 2：准备不足的"常有理"：没有准备就没有机会

王威是影视文学创作科班出身，他去一家大型招聘会求职时，招聘方问："你具体想应聘影视方面的什么工作？"

王威答："剧本创作或者责任编辑吧。"招聘方说："据我所知，要做责编，必须具有筛选和修改剧本的能力。这个职位在影视公司又叫文学统筹。如果你的……"王威连忙说："打断一下，可能是我表达不够准确。我其实想说的就是可以先从助理学起，文学统筹只是我今后期望的一个发展方向，并不是说一开始就要做这个。"

招聘方问："那你能做什么？我们最关心的是你能干什么。"

王威说："是这样的，来招聘会之前，我不知道具体会有哪些单位过来，也不知道会提供哪些岗位，所以我只能把我初步的想法讲出来，希望在我展示的过程中，老板们能发现我有合适的地方，愿意给我提供一些机会。"

招聘方说："小伙子，你想得太美了，招聘单位不可能因人设岗啊！"王威就这样失去了求职机会。

你为成功做了多少步的努力，成功就会为你减去多少步的距离。王威明显是对求职面试准备不充分，但他一会儿说是"自己表达不够准确"，一会儿说是"不知道具体会有哪些单位过来"，最后他竟然要起了"赖皮"——反正我就这样，你们看着办吧。如此"常有理"的解释，让人感觉他是来碰运气的，根本没有认真准备。所以，他与机会擦肩而过也是预料之中了。

反面教材3：遇挫就躲的"常有理"：捡了芝麻，丢了西瓜

财务管理专业毕业的简欣去应聘人力资源管理专员一职，面试官问："你学的专业是财务管理，现在应聘的却是人力资源管理，为什么选择跨专业求职？"

简欣解释道："您看，我并非名牌大学毕业生，没有名师指点，也不是热门专业出身，这让我很被动，所以我选择跨专业求职。"

"那你怎么会选择毫不相关的人力资源管理？你受过这方面的专业培训吗？"面试官继续追问。

"我们学校也有开设这个专业，我曾经选修过相关课程。"简欣解释道。

面试官不禁又问：“那你如何看待你的选修专业？”

“我自学能力还可以，我选修的这个专业的成绩一直名列前茅，我觉得多一种能力就多一种选择。”

“那你可以把财务管理专业学精，那才是你的主修专业啊。”

显然，面试官对简欣左右都是理的态度很反感，拒绝了她的求职要求。

应届毕业生跨专业求职并不罕见，原因也各有不同。但将“迫使”自己改行的原因归结于不是名校、没有名师，这多少有点儿牵强。后来面试官问其有无人力资源管理方面的学习经历，她又说自己学校有开设这个专业，自己选修过。同样的学校，同样没有名师，选修的专业就能比主修的专业学得更好吗？如此站不住脚的解释，难免让人觉得她是“这也不会，那也不精”，可谓捡了芝麻，丢了西瓜，最后求职无门，得不偿失啊！

口才支招

1.“常有理”们习惯于凭着自己的好恶和是否符合自己利益的标准行事，毫无原则和立场，很容易失去主见。

2. 面对面试官提出的质疑，面试者有必要给出正面的解释，但不可为了粉饰自我而强词夺理。如果无理狡辩，甚至弄虚作假，一旦让面试官识破，便再无反驳余地！

跟面试官聊天，别太“想当然”

所谓臆断，就其本义来说，就是在未确知其然时，就假定其然。

——〔英〕约翰·洛克

一个自以为是的盲人称自己虽然看不见，但对什么事都心里有数。于是有人问他：“绿豆什么颜色？”他答：“当然是绿色。”

又问：“黄豆呢？”答：“当然是黄的了。”

又问：“红豆呢？”答：“当然是红的了。”

又问：“那蚕豆呢？”答：“当然是蚕的了。”众人哈哈大笑。

这则寓言让人不禁想到坐井观天的青蛙按照自己的主观想象与“东海之鳖”争论的故事，让人哭笑不得。这两则故事都告诫我们，并非所有的“想当然”都靠得住，我们要预防一些“想当然”，因为这有时会害了自己。

问题板

在回答考官的问题时，我们也经常会犯“想当然”的错误，即凭主观推断，认为事情大概是或应该是这样。把“想当然”当成“理所当然”是求职的大忌，我们要具体问题具体分析，切不可主观臆断，聪明反被聪明误，堵住了自己的求职大门。

反面教材 1：因为计划赶不上变化，所以索性不计划

刘晓华应聘时，面试官看着他的简历说道：“你的座右铭是‘在职场，做一名战士，坚守属于自己的一块阵地’。请问，你五

年内的职业规划是怎样的？”

“我觉得，现实情况多是计划赶不上变化，因此，走好眼前的每一步才是最重要的。一切计划都要根据当时的现状做具体调整，所以我还没想那么远。”

“是的，每个人的梦想都不可能是一成不变的，”面试官说，“但这并不代表我们可以忽略计划。你对自己的未来总有要达到某个高度的期望吧？”

刘晓华说：“不在其位，不谋其政。我觉得日后的高度都是由今天的成功积累而成的，我是一个安分守己的人，我会做好交到我手里的每一份工作。”

“我不否定你安分守己的工作态度，但我们想招聘一些职业目标感很强的年轻人。”很显然，招聘单位不是很赞同刘晓华的职业观念。

职业规划是指对职业生涯进行持续的、系统的计划的过程，它具有评估个人目标和现状等作用。俗话说“计划赶不上变化”，任何计划都不是永久不变的，我们要不断调整自己的计划，以找到适合自己的最佳位置。刘晓华因为规划的可变性就索性放弃了规划，表面上看是安分守己、按部就班，实则是漫无目标，缺少冲劲和干劲。如此“想当然”的回答，给招聘单位留下了做事无目标、无计划的印象，从而导致了面试的失败。

反面教材 2：黄怀华让面试官想到了“皇太子”

黄怀华在某世界五百强企业做生产管理工作，他各方面表现都很突出，但却毅然辞职，去应聘某报业集团办公室主任一职。

现场负责招聘的王主任问道："你在原单位工作稳定，业绩突出，为什么辞职呢？"

黄怀华一脸委屈地说："我在上一家企业已经干了三年多的生产管理。我的顶头上司快要退休了，本来我们全厂员工一致认为，论理、论工作能力都应该是我接任他的位置，可现在公司董事长却让他的一个亲戚来做我的顶头上司。我觉得在这样的公司，就算你有能力，他们也不会让你去做高层管理工作，去发挥自己的能力。所以，我想跳槽，寻找真正认同我的伯乐。"

王主任问黄怀华："任命书下来了没？"

"还没有，但是已经有意向了。"黄怀华解释道。

"小伙子，别太主观地想当然。我注意到你刚才的一个说法：全厂员工一致认为，论理、论工作能力都应该由你来接生产主管的空缺。这个说法让我联想到封建社会的皇太子，全国上下都认为理所应当由太子来继承皇位。但是，最后继位的都是太子吗？"

黄怀华的言语之中透露出了他不够沉稳理性的一面——他原本想当然地认为自己将会是主管接班人，就如同以前的太子认为皇位迟早会属于自己一样，现在任命书还没正式下发，又想当然地认为自己升职无望。正是他的"想当然"，给考官留下了自以为是、缺乏理智的印象，让考官担心他日后在工作中遇到类似情况会再次跳槽。所以，黄怀华失去了机会。

反面教材3：被想当然的"经验主义"害惨了

窦顺源凭着优异的笔试成绩进入了公务员面试，主考官问他："现在国家在大力支持新农村建设，你觉得在偏远地区，应该加

大资金投入力度还是政策扶持力度？”

窦顺源答：“我曾经在一个偏远地区的中学支教。我觉得偏远地区农村的发展离不开政府的资金支持。就拿我支教的地方来说，当地人的衣食住行都是问题，他们几乎不出去打工，因为他们连打工的车费都不够。”

“我们为何不加大政策力度？比如，通过招商引资，在当地建工厂来吸纳劳动力，从而转化为社会价值。”主考官向窦顺源提出疑问。

窦顺源说：“众所周知，商人都是受市场利益驱动的，没有商人愿意将钱投向价值回报率低的地区。他们宁愿在繁华地区投建分厂，也不愿意到偏远的农村去投资。”

主考官继续追问：“偏远地区劳动力成本低、投资花费少，比如场地租赁非常便宜，而且劳动力人员集中、好管理，再加上当地政府的政策支持，如降低税收等，这些不都是商人的利益驱动点吗？”

“这……”窦顺源被问住了。

看问题要全面，不可凭经验而谈。窦顺源凭借自己在偏远地区中学支教的所见所闻，就断言“偏远地区应该加大资金投入力度而非政策扶持力度”，并用所谓“众所周知”的经验来自圆其说。主考官针对他的“想当然”连续发问，最终，窦顺源被问得哑口无言。正是窦顺源想当然的回答，暴露了他缺乏实践经验、理论与实践脱节等弊病，导致面试失败。

口才支招

1. 电影《中国合伙人》里有句经典的台词："听一个人说话，不是听他说了什么，而是听他没说什么。"面试官往往会多想，千万不要让你的回答产生歧义或者直接暴露缺点，更不要让面试官觉察到你的独断专行。

2. 自己暴露了弱点就要敢于承认，如果一味狡辩，那只能离正确的路越来越远。所以，当面试官指出你的问题时，如果是客观存在的，就没有必要再去解释了。敢于承认错误的人，不一定就是失败者！

过分表达，会让你吃大亏

不管一个人说得多好，你要记住：当他说得太多的时候，终究会说出蠢话来。

——〔法〕大仲马

面试时，为了更深入地了解求职者是否适合所应聘的职位，有经验的面试官常会通过"聊天"来考察求职者。很多求职者此时往往会认为面试官喜欢与自己聊天是看中了自己，于是畅所欲言，却没想到因为一些"过分表达"而"大意失荆州"。

问题板

面试就那么几分钟，是不是要抓紧这宝贵的时间，把自己的

才能尽可能地都展现给面试官？是不是说得越多，成功的概率就越大？

我平时不喜欢讲话，和同学聊天一般都是当听众，面试时我应该多说点儿吗？

如今，越来越多的求职者以敢说、敢秀的形象出现在求职现场，彰显了年轻一代的自信和个性。

敢于表现自己，为自己代言，本是好事，多说多交流也有利于双方互相了解。

但要记住，面试毕竟不是聊天，更不是选拔超级演说家。在求职现场，过分表达往往会让你吃亏。

反面教材 1：过度挑剔——看谁都不顺眼？那就是自己的问题了

应聘者丽莎面试时迟到了 20 分钟，在现场人员为她倒水时，面试官辛格先生问她："一路过来交通如何？"

丽莎立刻打开了话匣子："一路过来可真不容易！私家车、公交车互不相让；上班的、上学的，到处是人。还有老头儿老太太们，那么早就起来穿梭于大街小巷，真是瞎凑热闹。"

"看你风风火火的样子，应该个性比较强吧？"辛格又问道。

"没办法啊，我丈夫不顾家，只管自己。今天早上，我和他因为谁负责把孩子送到幼儿园这个问题吵了起来。我说我马上要参加面试，可他还让我去送孩子。我对这场面试是很重视的，他不理解我，真是令人生气。"

辛格接着问："平时早上都是这样吗？"

“这正是我辞去上一份工作的原因，那家公司不尊重员工的家庭生活。像我这种情况，孩子小，当然会花一部分心思在孩子身上，这点单位也应该理解……”

“哦，我会向公司总部反映您的情况的，您等消息就是了。”

“这就面试完了吗？”丽莎一脸茫然地离开了。

我们说，是人都会有烦恼，但看什么都不顺眼就是自身的问题了。在丽莎这短短几分钟的面试中，她大倒苦水，抱怨交通状况、抱怨车多人多，抱怨丈夫，抱怨原单位，不仅不合时宜，而且让人感到她充满负能量。在面试时，不是说求职者不能抱怨现实，但不要满身怨气，看什么都不顺眼！丽莎说的这些情况，客观上或许错不在她，但她的抱怨却给人留下了不好的印象。可想而知，如此牢骚满腹、看什么都不顺眼的人，哪个单位敢接收？

反面教材 2：过度谦虚——处处要学习？你要学多久？

李代婷是国内某名牌大学动画设计专业的学生，在应聘上海浦东开发区一家动画公司的动画师职位时，负责招聘的面试官问她：“你觉得你能胜任自己应聘的职位吗？”

李代婷谦虚地答道：“现在我不能说自己能完全胜任这份工作，因为我毕竟是个刚毕业的学生，在将学校学到的理论知识与实践相结合这方面，肯定会出现一些问题。但我可以多向同事学习，以便更好地适应工作环境。”

随后，面试官领她到动画创作室实地参观，李代婷故作惊讶道：“哇，这么先进的设备，我还从来没有见过呢！如果我能应聘上，一定好好学习，希望贵公司能给我一个机会。”

“你之前在实习公司应该也见过这些设备了吧？你觉得能尽快上手吗？”

“见过是见过，但我觉得我还是需要学习一段时间，接受单位的一些培训。”

面试官对她说：“我们招聘的是能胜任本职工作的员工，不是招收培训生。”

李代婷就是深受“做人要谦虚”这一传统美德的熏陶，试图以谦虚博得面试官的好感，没想到反而弄巧成拙。从李代婷面试失败的经历中我们可以吸取的教训是，求职者面试时不能过于谦虚，而应实事求是，有多少才能、能否胜任应聘的职位，都应如实地表达出来。

口才支招

1. 在面试中要避免过度表达。不要为了自我推销、自我表现而采用多讲话的策略。该讲的讲，不该讲的坚决不要多讲，以免画蛇添足、节外生枝。

2. 多表达是不是一定会导致面试失败呢？答案也不是绝对的，还得看面试的公司和具体职位。不同职位对从业者的要求不同，不能一概而论。

第 12 课　你或许会“自打嘴巴”

话说出去之前，你是话的主人；话说出去之后，你便成了话的奴隶。俗话说，祸从口出。求职者切不可自以为是地乱说一通，更不能盲目迎合，要谦虚谨慎，以免自打嘴巴，被说出去的话语连累。

跟考官聊得那么投机，为什么没有录用你？

酒逢知己千杯少，话不投机半句多。

——《名贤集》

面试，就要跟面试官聊得投机。但是，面试官有可能话里有话，千万别被他忽悠了。

自己的面试已经“死期将近”，而你却不知自己“病”在何处，这才是求职者最大的悲哀。

问题板

我们时常会听到求职者这样的抱怨：“我面试回答得还可以，为什么不录用我呢？”“我与面试官聊得挺投机，为什么面试还是失败了？”

有时候，求职者明明面试时对答如流，与考官也相谈甚欢，结果却不尽如人意甚至令人大失所望。殊不知，有时你的“短板”正是在这“相谈甚欢”中慢慢暴露出来的。

反面教材 1：你的回答暴露了你的“不务正业”

这两年，孙凯斌一边在工厂上班，一边从事文学创作，还发表了许多文章。一次，他看到省城有一家媒体招聘编辑，就毅然报了名，并且很顺利地进入了面试。

面试时，孙凯斌带去了自己的许多作品。面试官看后称赞道：“小伙子，工作之余写了那么多作品，你真的很勤奋，这说明你的时间管理能力很强。”

孙凯斌自信满满地说：“是啊，上班的时候，我只要手中的工作一空下来，就会写上几段，所以我写的文章一般都很短，不过我的创作热情是持续不断的。”

面试官听罢笑了笑，把作品还给他，让他回家等通知。没想到他左等右盼，始终没有等到录用通知。

你看出孙凯斌这次落聘的真正原因了吗？乍一看，孙凯斌的回答并没有问题。但是他的回答让面试官心中起了疑虑：孙凯斌在原单位惜时如金地一边工作一边写稿，那么，他到了新单位后，极有可能也会在上班时间写稿。这样的回答非但没有让面试官觉得他勤奋刻苦，反倒落下个不务正业的印象。可悲的是，孙凯斌浑然不知自己犯了求职大忌，栽倒在了自己的优势上。

由此可见，求职者对工作的忠诚度是招聘单位较为看重的，在面试答题时，要考虑所答内容是不是暴露了自己的“不务正业”。

反面教材 2：同情心泛滥，暴露了你的“人情账户”

艺术设计专业毕业的柴焕民去应聘人力资源管理专员一职，面试官问：“你学的专业是艺术设计，现在应聘的是人力资源管理，你为这份新工作做了哪些准备呢？”

柴焕民解释道：“说到准备，我从大二就开始了。那时候，我发现自己的兴趣不在艺术设计专业方面，于是就努力充实人力资源方面的知识，并提高相关能力。”

“看你简历上说，你做了三年的学生干部，其间你遇到的最大的困扰是什么？”面试官追问道。

柴焕民略加思索，说：“最大的困扰就是平时一些学习不好甚至挂科的同学经常迟到旷课，甚至夜不归宿，即便来上课，也交头接耳，影响他人。”

面试官问：“那你是如何处理的呢？”

“我会私下找他们聊天、谈话，告诉他们做自己事情的时候不要打扰到别人。”

“遇到不配合的同学，你会不会上报辅导员或学校？”

“一般不会。谁都不容易，有的同学不去上课是因为根本听不懂课程；那些挂科的学生已经很倒霉了，我又怎么能置人于死地呢？”

面试官听罢柴焕民的解释，微微一笑，找了个借口就让他出去了。

有人说，人力资源管理是世界上最理性的工作岗位之一。这说明从事人力资源管理除了要有过硬的专业知识储备，还需要理性、讲原则的专业素养。柴焕民能早早意识到自己的职业兴趣，

并能为之奋斗，这是他作为求职者的优点；他回答做学生干部时采取谈话、私聊的方法处理工作也中规中矩。但他发现问题后不反映、不上报的理由是不能“置人于死地”，或许是为了表现自己富有同情心，但无意中暴露了自己处事感性的弱点，难免会让面试官担心他在日后的工作中有开“人情账户”的可能。就这样，柴焕民败在了不成熟的专业素养上。

反面教材 3：小把戏就是小聪明，搬不上大台面

秦苏国曾经在火车站附近开私家车拉活儿，后来因为城市市容市貌改造，严禁私家车用于出租，且有交警巡逻勘查，他就没了生计。一次，市出租车公司发布招聘启事，在家待业的秦苏国报名参加，并且成功通过了试驾考核。复试中，王经理说：“请谈一下你的家庭状况。”

“我孩子读中学，住校，我父母身体健康，我爱人负责照顾家庭，所以我绝不会因为家庭影响日常工作。而且，我觉得我个人有做这方面工作的独特优势。”

“你的独特优势是？”王经理问。

秦苏国微微一笑，说：“我能通过乘客的等车状态和行为举止推算出他们的出行目的。实不相瞒，我以前是开私车拉活儿的。一次，我在人民广场看到三个人在前面招手，第一个是年轻女子，拿着小包，刚买完东西；中间是一对青年男女，一看就是逛街的；第三个是穿羽绒服的青年男子，手上还提着笔记本电脑。我毫不犹豫地把车开到了穿羽绒服的人面前。那人上了车也觉得奇怪，问我为什么放弃前面两个不拉，偏偏开到他面前。我说，第一个

女孩子是中午溜出来买东西的，估计公司很近；中间那对情侣是游客，没拿什么东西，不会去很远。那青年竖起大拇指说：‘你说对了，我去机场。’我这种能力可以为公司创造更多的效益。”

王经理听罢先是一惊，再略作沉思，说：“如果你是我们的司机，可能会有人举报你厚此薄彼。”

“这……”很显然，秦苏国被否定了。

公司招聘员工就是为了创收增效，但这并不代表公司就会忽略其他环节，比如服务；如果忽略了服务，会很大程度上影响企业的声誉。秦苏国为了迎合招聘单位，将自己的“小把戏”当作“独特优势”拿出来夸耀，赤裸裸地暴露了他的功利心，但他却还自以为“高明”，沾沾自喜。这不得不让王经理忧虑：这样的出租车司机，只能招来无数乘客的举报；只看眼前利益的员工，并不能为公司带来长远的发展。所以，秦苏国求职失败也在情理之中。

口才支招

1. 小成凭智，大成靠德。不要拿“小聪明”来忽悠面试官，如果你自以为是，只能是聪明反被聪明误。

2. 出现以上问题的应聘者，一般都不是语言表达技巧方面出现了问题，而是个人品质方面被面试官发现了“硬伤”。所以，面试答题时，不要让面试官怀疑你对企业的忠诚度，更不要让面试官怀疑你的人品。

3. 想表现自己的诚实，不需要有问必答，要懂得“露巧不如藏拙”。

求职，败在“优势”上可不值

人有所优，固有所劣；人有所工，固有所拙。

——〔东汉〕王充《论衡》

通常，一个人的才华越出众、能力越强，其获得成功的机会就越大。但正因为如此，这些人也更容易自命不凡，追求特别，不走“寻常路”。结果，这些优势有时不但没能成为其成功的资本，反而成了他们失败的加速器。

问题板

在招聘中，明明有些应聘者能力很强、经验丰富，面试时也对答如流，但他们为什么还是被拒之门外？

很多公司都会把“担任过学生干部”“具有工作经验”作为员工的录用标准之一。然而，有一些看似经验丰富的“老司机”，在找工作的时候也会吃到闭门羹，在求职时遭遇“失宠”。

因此，当我们占有优势的时候，也要学会居安思危，如果栽倒在自己的优势上，那就太不值了！

反面教材 1：本末倒置的创业“精英”

临近毕业，某学院的“创业先锋手”周新通过学校推荐，跳过笔试，直接拿到了某知名企业的面试通知。

在面试现场，招聘主管看着周新的简历问：“为什么你的成绩单上有这么多不及格的专业课科目？”

周新自信满满地说："虽然我的专业成绩并不怎么好，但是在大学期间，我先后创办了'淘学问'二手书屋和'同时代'摄影工作室，锻炼了出色的交际能力和处理事情的能力。所以，我觉得从这方面来讲，我应该可以胜任贵公司的工作。"

面试官笑着说："你的大学英语过了几级？"

"没有过级。"

"计算机呢？"

"没有。"

"那么其他专业证书呢？"

周新的声音变小："没有，但是……"

面试官耸耸肩说："对不起……"

鼓励大学生创业的优惠政策一出台，就得到了许多毕业生甚至是在校生的青睐，很多大学生采取"未毕业先创业"的策略，为自己"提高身价"。这虽然在很大程度上锻炼了大学生把握大局的组织能力，培养了他们的商业眼光和创新意识，但是也使一些学生忽略了对专业课程的学习，陷入"创业就是学习""创业是就业的先锋"的误区。于是，许多创业的学生不免在最后毕业的时候因为成绩不佳而求职受挫。

学习是学生的天职，周新在投身于创业时，把自己最应该做好的学业搁置一边、弃之不理，虽然锻炼了较强的领导能力和组织能力，但不能弥补知识不足的缺憾。在现在这个竞争激烈而又人才紧缺的时代，综合性人才才是众多企业竞相"追捧"的。

反面教材 2：琢磨人不琢磨事的“人精”

某公司欲招聘五个会计电算化专业的实习生，得知这一消息后，项薇便去报名参加。面试之后，项薇心里打起了小算盘：自己在大学期间，每年都获得奖学金，不论学习成绩还是日常表现，自己在全系都算优秀，就连和系领导、任课老师的关系也是非同一般，那面试结果关键就在于招聘主管的意思了。

项薇首先找到系主任，她开门见山地说：“主任，咱们的录取名单出来了吗?”

“没有，企业还要对候选者作进一步考察才能确定最终的人选。不过，凭我对你的了解，应该不成问题，不要有太大的压力。”

项薇回到宿舍，思索再三还是觉得不踏实。她听父母和长辈说，职场上走走后门更好办事。于是，她就买了一罐上好的茶叶，敲开了招聘主管的门。

“您好，我是 ×× 学校的项薇，我想咨询一下关于贵公司在我们学校招聘实习生的事。”

“项薇是吧? 我对你的情况略有了解，老师和同学对你的评价也都不错。咱们公司录用人数有限，肯定要经过一定的筛选。你回去等结果就好了。”

项薇看主管没有让自己进门的意思，便拎起包装精美的茶叶给主管，说：“听说您喜欢喝茶，这是我的一点儿心意，还望您笑纳。”

几番推搡，主管还是没有收下茶叶，项薇只能把茶叶带了回去。

第二天录用结果出来，并没有项薇的名字，不仅是项薇自己，就连老师也觉得诧异。

听取老一辈的“经验之谈”也要谨慎，与其费尽心思去琢磨别人的喜好，还不如研究、分析一下自己的优劣势。职场虽然人际关系复杂，但是面试官也欣赏“少琢磨人，多琢磨事”的求职者。很多应届毕业生求职时看不清这一点，效仿社会上的不良风气，反而弄巧成拙。项薇就是因为太过在乎社会上所谓的人情世故，失去了学生应有的纯净，所以才错失了原本快要到手的机会。

反面教材 3：一直在换工作的兼职“能手”

大学期间，热衷兼职的许焜在招聘会上转了一上午，却没有一个单位有录用他的意向。好不容易有一家公司通知他去面试，招聘人员边看他的履历边说：“我看你有过不少工作经验啊？”

许焜说：“是啊，我大一的时候做过一段时间的家教，大二上学期去一家公司做文员，我还做过市场营销……”

招聘人员立马打断了他：“你为什么要换那么多工作，而不把一份做好呢？感觉你有点儿浮躁。”

许焜说：“因为我想尝试不同的岗位，得到不同的锻炼。”

招聘人员摇了摇头：“那你最拿手的是什么工作呢？”

许焜想了想说：“这个嘛，我想先看一下贵公司需要哪方面的人才。”

招聘人员最后说：“你回去等我们的电话吧。”

然而，许焜再也没有接到电话。

不少大学生刚进大学校门就想着毕业后如何去找工作。上述

案例中，许焜大一就开始不断地做兼职，尝试不同行业的工作，虽然有实践经验了，但也养成了换一份工作就像换一件衣服一样的浮躁心态，给面试官一种沉不住气、静不下心的印象。虽然许多公司在招聘启事中都提到“有相关工作经验者优先”，但并不意味着兼职经历越多就是经验越足。特别是对于学生来说，兼职虽然能带来一定的社会经验，但过多兼职难免给人专业不精的感觉。所以，学生阶段做兼职要有所侧重，不必面面俱到。

口才支招

1. 切记不要炫耀自己，因为人在炫耀的时候最容易忽略自己的薄弱之处，被人趁虚而入。

2. 求职者可以结合自身的特长和兴趣志向来决定自己的职业，并在求职过程中加以展示，但过于张扬只能适得其反。记住，好钢用在刀刃上才是正道！

点到为止，多说就“无益”了

知识少的人，讲话讲得特别多；知识多的人，讲话反而讲得很少。

——〔法〕卢梭

有个成语叫“过犹不及”。生活中，有些话不必说得那么直白，只要点到为止，对方一样能够领会，甚至效果更佳。

问题板

“听说贵公司是刚搬来的，这儿的房价可不便宜！请问公司目前的房子是租的还是买的呢?”

“您在这边住着还习惯吗？员工们还习惯吗?”

“据我了解，这附近没有医院，平时员工要是有个头疼脑热，你们一般是怎么解决的呢?”

“……”

千万不要因为觉得你的面试官态度随和就和他闲聊起来，也不要事无巨细什么都打听，这是求职大忌！

作为求职者，我们一定要明白，和面试官漫无目的地闲扯或在某个问题上反复纠缠是对你来说最大的减分项。求职者回答完问题或发表完一段评论，应该主动就此打住，等待下文。说话点到为止即可，喋喋不休徒劳无益。

反面教材 1：找工作，别掉进“钱眼”里

姜大明从一家外企辞职后到一家民营企业应聘，现场的面试官很看好他。在谈完工作职位问题后，姜大明试探性地问：“工作就是饭碗，打工也为赚钱。不知道咱们公司的薪资待遇怎么样，我以前在外企工作时，月薪在一万块钱左右。”

听罢姜大明的话，面试官也就打开天窗说亮话了，他说：“我们公司的发展空间十分广阔，只要你有能力，将来肯定能挣到远超一万的月薪。可是新招进来的员工就开出一万元高薪的，就我们公司来说，确实没有这样的先例。”

姜大明进一步争取，说：“我要养家糊口。您知道，工资少了，生活水平肯定要下降，很多不必要的压力也会随之而来。我在以前的单位已经挣到那么多了，如果换了工作，工资反倒降了，那跳槽的意义也就不大了。”

面试官觉得姜大明是自己比较满意的应试者，为了打消他的疑虑，就又跟姜大明描述了公司的一些优势和潜力。

姜大明听罢，还是勉强笑笑，说：“贵公司的潜力肯定是无穷的，但我们还是谈谈实际的薪酬待遇吧……”

最终，面试官失望地摇摇头，说：“如果你只看重眼下挣的这些钱，那么我们公司可能真的不太适合你。”

就这样，姜大明眼睁睁地丢掉了本来很有希望的工作。

因为有原来的工资待遇做对比，姜大明纠结于入职时的薪资水平，“誓不让步”，最终错失了良机。对于很多求职者来说，待遇问题是个“雷区”，不好谈但又不得不谈，因为我们毕竟不能不食人间烟火，努力工作当然期望得到高回报，这也是人之常情。但需要注意的是，薪资不是靠“死缠烂打”就能拿到的，如果面试官不愿意再就薪资进行妥协，就不要再跟其讲价了，适可而止，不要贪心。你再多说，只能失去眼前的机会！

反面教材 2：面试官是老乡？那也别求他“包办”你的工作

在面试一家杂志社发行员时，郑子涛十分小心，生怕像之前几次一样出什么纰漏。还好，这次的主考官十分随和。从交谈中，郑子涛听出其中一位主考官的口音和自己家乡的口音很像。这让郑子涛兴奋不已，赶紧主动与对方打招呼："您是沈阳人吧？真巧，咱们是老乡呀！"对方友善地对郑子涛点了点头，说："能在这里碰到老乡也不容易，好好表现呀。"

郑子涛得到回应更兴奋了，他说："能遇到老乡真好，咱们东北人性子直爽，我前两次面试失败了，都是吃了说话不注意的亏。这次遇到老乡了，您可得多帮忙呀！咱们东北人可是十分团结的，您说，您不帮我帮谁呀？"

听完他的话，本来很友善的主考官，面色变得冰冷起来。他的面试很快就结束了，结果可想而知。

在面试中，如果能遇到老乡、校友等做主考官，适当地拉关系会给对方留下好印象，也能给自己加分不少。可郑子涛明显做得过分了。如果他能点到为止，点出和主考官的老乡关系，然后适当地说一句"真希望以后能和您一起工作"，然后认真面试，自然会赢得主考官的好感。而他当场拉关系，求人家帮他，让主考官陷入了尴尬的境地，难怪会受到冷遇，让人避之不及。

反面教材 3：记住，自信不能当饭吃

胡明筱即将大学毕业，找工作前，她向老师咨询求职面试的技巧。老师告诉她，面试时一定要自信，要在最短的时间内让面试官了解你的优势，如果能和面试官打打感情牌也有助于面试成功。可一个月后，胡明筱苦着脸找到老师，说她面试倒是去了几家，但都以失败告终。

北京有一家单位，胡明筱心仪已久。为了这次面试，胡明筱做了大量的准备工作，甚至连穿什么、怎么说都反复演练，精心

准备了好几套方案。面试前她对着镜子跟自己说：“一定要相信自己！胡明筱，你是最棒的！”

面试时，胡明筱也表现出了充分的自信，流利地回答着主考官的问题。看得出来，主考官对胡明筱也比较满意。就在面试快结束时，一位考官问她：“能再给我一个录用你的理由吗？”

谁知，胡明筱理直气壮地回答道：“因为我是所有面试的候选人中最优秀的，外面的人和我根本没法儿比。不用我，你们还能用谁呢？”

考官闻言暗暗摇头，最终没有录用胡明筱。

这次面试，胡明筱失败的主要原因是过于自信。其实，自信本没有错，是一个求职者必备的素质。但过分自信，不把其他面试者放在眼里就不恰当了。胡明筱那句“外面的人和我根本没法儿比”，不仅贬低了别人，也将自己狂妄的一面暴露无遗。这样说话，不仅无法让主考官对她的自信表示认同，还会招人反感。

口才支招

1. 面试中有向面试官提问的机会时，不妨多问一些关于单位前景或工作制度方面的问题，也就是多围绕单位展开提问。

2. 求职面试中，与主考官套近乎不是不可以，但一定要掌握好度，不要阿谀奉承。千万不要为了给别人留下深刻印象而用力过猛，那样只会毁了你的面试。

3. 不要执着于争辩某些问题的是非，赢得一场争辩而失去一份工作是不划算的。

超值篇　试用期，如何迅速脱离“菜鸟状态”

职场可谓“刀光剑影”，拼人脉，拼资历，拼背景，拼能力，拼创意，有时候还要玩点儿“心眼儿”。作为试用期的新人，稍有不慎，就会前功尽弃，遗憾出局。要想顺利度过试用期，不得不学点儿立身之术。

第 13 课　你有没有“暗箭伤人”？

对于刚刚入职的新人来说，试用期的职场就是一个大考场！职场关系错综复杂，处理得好，可能大家都像兄弟姐妹一样和谐相处；反之，如果处理不好，纷纷扰扰将会无休无止。

作为刚刚进入试用期的新人，防人之心不可无，但害人之心更不可有！反思一下，当你在职场上处处碰壁时，你有没有“暗箭伤人”？

别做职场中的“不着调”

唱戏敲铜盆——不着调

——民间歇后语

有些人天生高调，总喜欢表现得与身边的人不同。在工作中亦是如此，这些人看似风光，实则不甚着调。

问题板

孙涛到一家公司应聘司机，试用期的工作就是给老板开车。整天在老板身边转来转去，他感到无比威风，渐渐就以“二把手”自居了。

一次周末，他私自开单位的车外出。物管部的经理让他登记，他不耐烦地说："我是老板的司机，我给老板打个电话不就得了？"对方听后瞠目结舌，事后，几个部门经理联合起来跟老板"美言"了几句，孙涛就被辞退了。

还在试用期内的孙涛，因工作关系跟领导走得近，就耀武扬威起来。老板不在时，他对同事颐指气使。更过分的是，他公车私用，不配合其他同事的工作，态度蛮横无理，这样不着调的人谁会喜欢？

这种员工一旦突破了老板的心理底线，他在公司的日子就到头了。

反面教材 1：心猿意马，把单位当成"练马场"

李荣是一家电脑公司的技术人员，跟老板相处得就像兄弟一样。一天下午，李荣加班加到很晚，老板请他吃晚饭。几杯酒下肚，李荣头脑一热，说他也想开一家电脑公司。

老板先是一愣，但很快恢复正常，鼓励李荣说："年轻人就应该有闯劲儿，我支持你。"

李荣说："我现在的技术还说得过去，但对销售还是一知半解。"

老板说："一边工作一边学习嘛。凭你的能力，再干上两年就能独当一面了。"

李荣说："您放心，两年之内我是不会走的。"

一周后，公司又招聘了一名技术人员，李荣也接到了解聘通知。他一脸茫然，找到老板。老板一本正经地说："在我的公司

里，你已经没有什么需要学习的了。你应该多去几家公司锻炼锻炼，多积累点儿经验。我是从你自身发展的角度考虑才忍痛割爱的。”李荣这才恍然大悟，知道自己为什么被炒鱿鱼了：都是因为自己跟老板交心，才让老板抓住如此“富有人情味”的把柄！

看，李荣多糊涂！他以为自己平时与老板相处融洽，说话便毫不避讳，竟在老板面前说起了自己要开公司的“雄心壮志”。他自以为是跟老板掏心窝子，其实是不着调。这难免会让老板心中起疑：他在我公司，和我又走得这么近，是不是想以公司为跳板？他工作是假，学做生意才是真吧！此人朝三暮四，另有心机，不可大用。所以，老板为了公司的长远利益，只能“忍痛割爱”了。

反面教材 2：为民请愿，把自己当成“代言人”

周扬是公司的管理人员，跟公司老板是中学同学，所以一直把老板当作知心朋友，经常向老板提一些与自己工作无关的建议，如为员工加薪等。虽然老板很少采纳周扬的建议，但久而久之，周扬便赢得了“工会主席”的绰号。周扬很得意，但这却引起了老板的极度反感，于是将他调到分公司，给他分了一个无足轻重的岗位。

周扬不服，质问人事部，人事部答复的理由是“不热爱本职工作，缺乏敬业精神”。

周扬琢磨了一番才醒悟，不由得黯然神伤：自己把老板当作知心朋友，没想到老板却把自己看作普通员工！他越想越心灰意冷，最后主动辞职走人。

每个公司、每个老板都有自己的一套薪资待遇标准，周扬凭着自己和老板是同学这层关系，就“代表民声”，跟老板谈待遇、提意见，行事太不着调。无论这是否会扰乱公司大局和人心稳定，都肯定会给老板留下拉帮结派、不务正业的印象。虽然周扬的出发点是为公司着想，但是否加薪是由老板决定的，即使真的应该加薪，也轮不到他说三道四。况且，他站在员工的立场上提让老板为难的建议，老板会觉得他是代表员工跟自己作对。长此以往，他就成了老板的“眼中钉”，成为公司裁员第一个考虑的对象。

反面教材 3：擅作主张，把上级当成“马前卒”

紫琳在秘书的岗位上已经干了好几个月了，她兢兢业业，经常主动留下来加班，深得老板的赏识。这天，老板一走进办公室，就着急地对紫琳说：“糟了，还是宏大的产品好。上周我让你给宏大公司发邮件，中止合作并将人家奚落了一顿。你快告诉我电话，我要亲自向人家道歉。”

紫琳得意地说：“那封邮件我没发。”老板一愣：“没发？”紫琳解释说：“我认为那封邮件欠妥当，所以就没发。”老板又问：“上周我让你发给欧洲的那几封信，你发了没有？”紫琳说：“那些我都发了。我知道什么该发，什么不该发。”

老板一时无语，闷坐了一会儿，气冲冲地走出了办公室。不一会儿，紫琳就接到了人力资源部的电话，通知她被解雇了。紫琳并没有马上离开公司，而是等到老板回来。

紫琳问：“难道我做错了吗？”

老板说：“难道你没意识到？”

紫琳问：“我错在哪里？”

老板说：“难道你没意识到我成了您的‘马前卒’？办公室里有一个老板就足够了！”

紫琳哭着离开了公司。

试用期内，作为新员工，应该积极履行和完成上司交办的各项事务，提高自身执行力。但有些人偏要自作聪明，在实际工作中按照自己的主观判断行事，产生“既然这么做符合公司的利益，那我替上司做了又有何不可”的错误想法。其实这种想法和做法很不着调，尽管有些事是小事，但擅自替上司做主，就成了大忌。紫琳不但不去执行老板的决策，而且自以为是，对老板交代的工作选择性地执行，反把老板当成“马前卒”，所以最终被解雇了。

口才支招

我们日常所说的“不着调”之人，在工作上常表现出以下几个特点：

1. 说话、做事不着边际，工作上不靠谱。

2. 不干正事，没有明确的工作目标，工作状态懒散。

3. 不听从单位安排，擅自做主，个人意识强。

不以规矩，不能成方圆。我们都很讨厌那些不守规则、乱闯红灯的马路杀手，殊不知，试用期内不着调的员工，也是讨人厌的“职场杀手”。

你为什么会落个“出力不讨好”？

坏作风和坏习惯，就是在与人没有隔阂的时候，也能把好事办坏。

——〔德〕席勒

身在职场，即使贡献再大，若是疏于经营人际关系，或者为了某些利益与虚荣而伤害了身边的同事，也只会出力不讨好，陷入尴尬的境地。

问题板

俗话说，不管黑猫白猫，抓到老鼠的就是好猫。不可否认，有时为了达成目标，我们可以“不择手段”。但在今天的职场竞争中，我们也要反思：所有抓到“老鼠”的“猫”都是“好猫”吗？如果是，那你为什么会落个“出力不讨好”的下场？

反面教材 1：喧宾夺主，抢了上司的风头

萧旺是一家规模很大的贸易公司的子公司经理秘书。这些天萧旺很兴奋，因为过几天，总公司的张副总要来他们子公司视察工作。由于萧旺工作出色，人又机灵，李经理点名让他陪同，一起向张副总汇报工作。萧旺觉得机会来了，他打算精心准备这次汇报，在张副总面前好好表现一回，说不定以后还可以调到总公司工作。

因此，在张副总视察期间，萧旺总是抢着介绍公司的各项具

体情况。他侃侃而谈，从公司现状到未来发展趋势，从具体工作到宏观规划，无一遗漏。对自己了解得不太准确的情况，萧旺也能灵机一动避重就轻地化解问题，对张副总布置给公司的任务，他也毫不犹豫地承诺下来。

视察结束后，萧旺对自己的表现颇为满意，可他发现李经理脸色阴沉。李经理并没有表扬他，只冷冷地说了一句“辛苦了”。

过了几天，萧旺被调到销售科当业务员去了。

萧旺积极做了工作，却抢了领导的风头，并且随意代替李经理表态，如此喧宾夺主，自然招致反感。职场上，千万要记住谁是主角。作为领导的秘书，在工作中应该有积极主动的精神，辅佐自己的领导做好接待的准备工作，并在接待的过程中做好服务和补充工作，而不应放任自己自由发挥。萧旺忽视了自己工作和职权的边界，“积极主动”得过了头，出现了“越位”的行为。这种急功近利分不清轻重的人，又怎能赢得上级的认可呢？

反面教材 2：独享功劳，只顾“吃独食”

王月很有能力，她在一家广告策划公司工作，担任公司副总经理。一次，公司接到一个项目，可策划总监刚做了一半方案，就因家中变故，不得不请假。因客户催得紧，王月组织了几名员工连续加了两天班，终于赶了出来。最终的策划案得到了公司总经理的赏识，客户十分满意，公司在这个项目上也收益颇丰。为了奖励大家、提高员工积极性，公司打算给参与者发放绩效奖金。

没想到，王月上报绩效分配方案时，只字不提策划总监的前期工作，也忽略了其他不少参与者的贡献，自己独享大头，而且在单位逢人便提自己的努力与成绩。一个月后，她发现单位同事似乎都在有意无意地不配合她的工作，并且总是回避她。

最后，还是一位私交比较好的同事提醒了她。原来，她自以为是的态度让大家觉得她太贪功，喜欢一个人“吃独食”，于是同事们就纷纷疏远她了。

王月为什么会得到这种结局？原因就在于她犯了“有福不同享”的错误。尽管她策划的选题让公司“收益颇丰”，她作为主创人员贡献很大，但这也离不开其他人的努力，更何况还有策划总监的前期攻坚，荣誉和奖金应该是属于大家的。王月把功劳都揽到自己一个人身上，自然会引起别人的不满。

反面教材 3：损人肥私，损害了同事利益

方久明和几个朋友创立了一家专门经营古玩的工作室，开业几个月来效益还不错。一天，合伙人之一的孙成兴奋地打来电话，说发现了一个雕花砚台，想让大家鉴赏一下。方久明带着专家一看，发现确实是个宝贝。但按照规矩，这个砚台是孙成个人发现的，不能算公司的业务，何况孙成可能也不想出手。方久明想了半天，告诉孙成：“这是赝品。砚台的鉴定标准在我电脑里，一会儿回去发给你。”回工作室后，方久明打开自己电脑上的鉴定标准，偷偷改动了其中几项。大家对照改后的标准，果然在砚台上找到了几个瑕疵。大家都是同事，谁也没防备方久明。几经游说，方久明说服了孙成把砚台放在工作室里售卖。可不久后，方久明以工作室的名义与一位古董名家签订了这块砚台的销售合同，而且对方的开价是真品的价格。孙成看到合同后质问方久明，方久

明闪烁其词。孙成直接联系那个古董名家，并拿出当初方久明给他的鉴赏标准，名家当即指出其中有改动的地方。孙成生气地指责方久明：“为了工作室多挣几个钱，你不惜用这种方法骗我，那块砚台的钱我可以不要，但你牺牲的一定更多！”这件事公之于众后，几个合伙人也随孙成纷纷离开了工作室，方久明独木难支，很快就关门了。

作为公司合伙人，谁都想让公司的利益最大化。方久明想为公司争取更大的利益没有错，但他将矛头对准了同为合伙人的孙成，在孙成的“成果”上做了手脚，实属不该。要明白，真相迟早有一天是会被大家知道的。虽然方久明是为公司利益考虑，但这种损害同事的行为只会让人看到他内心深处的阴险狭隘，只会让同事失去对他的信任，甚至彻底破坏彼此的关系，得不偿失。

口才支招

1. 与同事相处的第一要义是尊重与诚实。对待同事要注意言行一致，以诚相待。职场中，同事之间既是竞争关系，又是合作关系，彼此和谐了，才能更好地开展工作。

2. 不论是领导交办的任务，还是同事提出的需要配合的事项，不仅要“立即就办”，而且要“见面分一半”，不要居功自傲，一味地只为自己捞好处。

3. 不管做什么事，都要将心比心。你对别人怎么样，别人就会对你怎么样！

别人如此冒犯，你要反躬自省

能够反躬自省的人，就一定不是庸俗的人。

——〔英〕罗伯特·勃朗宁

每个人都不是十全十美的，都有说错话、做错事的时候。在职场上与别人发生冲突时，如果我们能从别人的“冒犯”中自我反省，找出属于自己的那部分责任，就更能赢得他人的尊重。

问题板

当你正准备静下心来好好做一件事时，却遭到别人的骚扰；当你正在享受自己所获的成功时，却被人无端泼了盆冷水……

面对别人的冒犯，我们切不可急于反戈一击，而是应该冷静分析、自我反省，找出自己的不足，及时承担相应的责任。这既显示了一个人大度为怀的气量，也是一个人成熟稳重的体现。

实战案例 1：吴冕揽过，却赢得人心

一个周末的下午，中铁某局的工人刘小光参加同事的生日宴会，一直到很晚才回到集体宿舍。回来之后，他并未立即上床就寝，而是吃起了点心，还时不时说些酒话。灯光和噪声影响了室友休息，其中，一位叫吴冕的同事平时就与刘小光有些分歧。此时，他忍无可忍，厉声喝道：“你上辈子没吃过东西吗？吃到现在还没吃饱？”刘小光听到辱骂，便与吴冕厮打起来。

厮打中，其他同事叫来了局领导。领导听完二人陈述，得知

是刘小光酒后滋事，便严厉责骂了他，并给刘小光记过一次，取消他今年的评优和奖金。

就在其他同事为吴冕感到欣慰时，他却走到局领导面前，请求不要将此事上报局里，也不要给刘小光记过处分。他说：“刘小光去参加同事的生日宴会，因为高兴才喝了酒。如果他今天没喝酒，我给他提意见他会接受的，正是我没有顾及他喝了酒，还口出恶语刺激了他，才造成了这样的后果。”

刘小光原以为吴冕会乘人之危，说他的坏话，没想到他却把错揽到了自己身上。刘小光从此扭转了对吴冕的态度，成了吴冕最亲近的朋友。

刘小光酒后行为失检，扰乱其他人的正常休息，吴冕出面指责导致两人矛盾升级；但在局领导责罚刘小光的时候，吴冕却又出面求情。这是因为吴冕及时地自我反省，找出了自己在这次事件中的错误言行，意识到“要是自己顾及刘小光饮酒后情绪不稳定，好言相劝的话就不会发生此类事件”。这个例子说明，别人如此冒犯，或许是自己也有错。如果我们都能平心静气地对待冲突，事情就不会愈演愈烈，职场关系也会更加和谐。

实战案例2：新任老总却对工作失误的秘书百般客气

一家大型跨国企业的老总刚走马上任，就被派到国外的一家分公司工作。他拿了一叠文件请分公司的一名秘书复印，并习惯性地用很谦逊的语气对她说：“请你抽时间把这些文件复印一份，谢谢！”

秘书接过之后，就把它们压在一叠文件的下面。时间慢慢地过去了，一小时、两小时、三小时……一天就要过去了，老总始终不见秘书把文件送过来，便忍不住去问。结果，秘书告诉他，自己从他的语气中听到的意思是这些文件不着急用，所以就先做其他比较急的工作了。

听她这么一说，这位老总才明白，这或许是两个国家文化的不同造成的。在自己国家，老总如果这样对自己的秘书交代，秘书肯定明白要立刻完成，但在这里显然不是。于是，他笑着对秘书说："对不起，这是我的错，是我没有交代清楚。"从此以后，他学会了把自己的需求清楚地告诉秘书，类似的误会再也没有出现过。他更加受到员工们的尊敬，工作上也得到了更多的支持。

一个具备反省能力的人一定具有自我否定精神，也就是勇于认错。我们可以看出，这位老总之所以能够赢得下属的尊敬和拥护，很大一部分原因是他能从秘书的"怠慢"中进行自我反省，发现问题在于自己没有意识到两国文化背景的差异，是自己没有把需求清楚地告诉秘书造成的。这位老总能站在别人的立场上看待问题、思考问题，进而解决问题，获得员工尊重也是理所当然的。

实战案例 3：亨利被辱，却感谢辱骂者

十几年前，亨利还是一家汽车修理厂的修车工人。那时的他虽然薪水不高，却常常在闲暇时凝望工厂对面的五星级餐厅，渴望自己有朝一日能够去那里大吃一顿。

有一个月底，刚刚领到薪水的亨利鼓起勇气走进了那家富丽堂皇的高级餐厅。在他呆坐了 15 分钟之后，居然没有一个服务

生过来招呼他。没办法，他只好伸手示意点餐。直到这时，一个小个子服务生才磨磨蹭蹭地走到他桌边，然后不耐烦地把菜单扔在了他面前。亨利打开菜单仔细看起来。刚看了几行，旁边站着的服务生便以一种轻蔑的语气说道：“你只适合看右边的部分（指价格），左边的部分（指菜肴）你就不必费神了！”亨利惊愕地抬起头来，双眼愤怒地盯着服务生那张带着不屑表情的脸。他真想把攥得紧紧的拳头砸向那个可恶的脑袋，可一想到自己口袋里那点儿可怜的薪水，怒气就慢慢消失了。

“一个汉堡。”亨利有气无力地说道。服务员轻哼一声，转身走了。

吃着那个比快餐店贵出十倍价钱的汉堡，亨利的心里充满了悲哀。吃完后，他走到那名服务员身旁，握着他的手说道：“小兄弟，谢谢你在我不知天高地厚、虚荣心作祟的时候给了我当头一棒，让我认清了自己，我觉得这是你责任感的体现。”从此，亨利在事业上不懈奋斗，在生活上保持朴素。十几年后，他成为叱咤风云的汽车大王——亨利·福特，那位服务员成了福特汽车的售后服务经理，两人成了忘年交。

反省的过程就是一个人心智不断提高的过程，也是一个人心灵不断升华的过程。到高档餐厅就餐，我们除了享用美食，还可以享受服务。亨利·福特在那家五星级餐厅就餐时受到了服务员的歧视，但愤懑的亨利却压住了心中的怒火，自我反省。他认为服务员之所以敢这么冒犯自己，根本上是因为自己不知天高地厚，对方的行为反倒警醒自己要抛却盲目攀比的虚荣心。正是他遇到冒犯不轻易发怒、善于反思，才会取得后来不凡的成就，并且与那位服务员成为忘年交。

口才支招

1. 我们都是不完美的，没有谁可以确保自己的所作所为无可指摘。所以，唯有时刻反省自我，方能让自己不断进步。

2. 在职场中，有些人可能会为了自身的利益而对你进行各种伤害和攻击，因此，在力所能及的范围内善待所有人，但不要待人过分亲昵、毫无防备之心。保持距离，也未尝不是一种明智的做法。

第 14 课　让录用你的人因你而骄傲

每个职场人最大的梦想无非就是让上司欣赏自己，要么升职，要么“升值”！但梦想毕竟是梦想，让梦想变成现实最主要的方法还是努力工作，检验工作成果的人便是自己的上司。

所以，自己的一切命运似乎都掌握在上司的手中，那么，如何与上司相处？如何让领导赏识自己呢？

敷衍工作，就是敷衍自己

责任是光荣的一种表现，是一个人力量的源泉。

——〔美〕亚伯拉罕·林肯

责任意识是世界 500 强企业最为看重的员工素质之一。老板最看不上的就是那些偷奸耍滑、拈轻怕重、对工作敷衍了事的人。

那些抱着敷衍了事的态度工作的人，不愿积极地面对眼前的工作，而是牢骚满腹、不思进取。殊不知，对工作不负责，其实也是对自己不负责。

一个人对朋友说：“我在公司的工资是最低的，再这样下去，

我就跳槽！”

“你对公司的贸易情况掌握得如何？”朋友问他。

“我才懒得去研究那些东西呢。”这位员工答。

“我建议你先静下心来，认认真真地研究一下你们公司的发展历程、业务公布、主要产品、企业文化，然后再做决定。”

他听了朋友的建议，开始积极地投入工作中。半年后，朋友问他：“你现在是不是该辞职了？”

“这几个月来，老板对我委以重任，我现在是公司骨干，怎么会走呢？”

在听取朋友劝告之前，这位员工对工作敷衍了事，不求上进，却为自己遭受的“不公平”待遇而唉声叹气。而当他真正全身心投入之后，才真正有所得，才发现了自己的价值所在。

进入试用期你会发现，工作干得好的人各有一套，而职场失利的人都有相似的毛病。其中，因敷衍工作而栽跟头的，不在少数。敷衍工作，其实就是敷衍自己。

实战案例 1：不敷衍，你就能抓住即将失去的机遇

公司裁员，瓦露西和斯凯奇同时被通知一个月后离职。瓦露西逢人便抱怨：“我在公司没有功劳也有苦劳，为什么不要我了呢？”

开始时，同事还会安慰她几句，可瓦露西抱定了“破罐子破摔”的态度，心想：“反正我在这儿只有一个月了，干得再好也没有用。”此后，她便对工作敷衍了事。

斯凯奇却从不说自己要被解雇的事，别人偶尔提起时，她就

说是自己能力不足才被淘汰的。她还逢人就道别：“再过些日子，我就要离开你们了，不能再与你们共事了，你们好好干吧。”大家见她这么重感情，反而更亲近她了。

斯凯奇对瓦露西说：“在岗一天就应该负责一天，给公司、老板和同事留下一些美好的回忆，这样即使我们走了，也会有人夸我们、想我们。”

瓦露西却不以为然。一个月后，瓦露西如期离职，斯凯奇却被老板留了下来。

站好最后一班岗，给自己留下一个圆满的句号。这虽然不是职场的硬性规定，却能显示出一个人优秀的职业素养。瓦露西和斯凯奇均面临被裁员的现状，瓦露西逢人便抱怨，这是人之常情，但她不去追究问题所在，并且认为自己最后一个月的工作做好做坏都一样，对工作敷衍了事；而斯凯奇认为工作做好了，即使留不下工作，也能给大家留下好印象，所以对待工作认真负责。事实证明，斯凯奇是充满智慧的，她用不敷衍完成了一次漂亮的职场“转身”。

实战案例2：不敷衍，你就能获得领导完全的信任

清朝一个叫武魁的人被推荐到县衙当衙卫。无论什么时候，只要有马车过来，他就在车厢里爬上爬下，仔仔细细地检查车上的每一处角落，认认真真地核对每一笔物资。他每天弄得自己灰头土脸的，可有人却说：“不就是个看门的吗？头脑怎么就不会灵活一点儿？人都让你得罪光了，犯什么傻啊！”可他自始至终做着“傻人”。

后来，曾国藩率队路过此地，有人劝他多一事不如少一事。他却对曾国藩说："例行检查之类的差事在统帅的军队里也有，我只是做好自己的本分。糊弄和敷衍谁都会，但是出了事情谁都不想负责，所以，我是对事不对人。"

曾国藩发现武魁虽然不聪明，但做事不糊弄，就将其纳为自己的护卫队长。

确实，武魁完全可以头脑"灵活"一点儿，睁一只眼闭一只眼，做个"老好人"。但同时，他也会给领导留下油头滑面、工作敷衍的印象。武魁正是保持简单、正直的做人风格与勤恳务实、认真负责的工作态度，才赢得了曾国藩的青睐。大多数人都不会选择自认为"吃亏"的工作，并把武魁这样的人形容为"脑子进水""自讨苦吃"。不过他们可能并没有意识到，这也许就是让他们"怀才不遇"、处处碰壁的原因之一。

☑ 实战案例 3：不敷衍，你就能收获别人看不到的机会

李莉所在的公司规定，今年所有员工都要写一份年终总结。公司里近千名员工都把这个规定讽刺为最大的形式主义。老员工说："从网上下载一个模板改改不就得了？上千份报告摞起来比人还高，老总会看吗？"李莉却不这么想，她认为自己确实有很多感受，正好借此机会向老总提出建议和设想。她每天晚上回到家，第一件事就是冲到电脑前绘制图表，撰写报告。

一周后，一本像时尚杂志一样漂亮的年终总结送到了老总办公室，正文每一部分都有详细的数据和直观的图表，还用漫画形式展示了公司存在的不良作风和不好的现象，最后是对老总的诚

恳建议和对公司未来充满激情的设想。

老总把李莉请到办公室，说：“这次你写的总结，我看了三遍，你看问题很准，思路非常清晰，设想也很有创意。好好干吧，你也许需要一个更合适的岗位。”不久，李莉就被调到策划部当总监去了。

当大家都在“自以为是”地认为某件工作不值得花心思去做的时候，李莉却在思考这件事的必要性在哪里。她正是将为大家所忽略、所敷衍的工作做得漂亮了，因此才得以将大家看不到的机会也收入囊中。

口才支招

1. 天下没有免费的午餐，天上也不会掉馅饼，只有今天的付出才有可能创造明天的成功。

2. 千万别在自己负责的工作上偷工减料，因为你做的所有工作都会被同事和领导看在眼里。你做的事情就是你的名片，敷衍他人，也是在折损自己。

马前卒，你敢拒绝你的上司吗？

什么都不拒绝的人，很快会变得没有什么可以拒绝了。

——〔古罗马〕马休尔

心理学家认为，从不拒绝的人，实际上是“心理边界模糊”

的人。他们宁愿牺牲自己、委屈自己，也要向别人奉献，从而体现自己的价值，保证自己“被需要”的地位。其实，这是一种很不合算的“投资”。

问题板

在遇到别人的不合理要求，特别是自己直系上司的苛刻要求时，有的人碍于情面勉强答应，无法开口说“不”，这让他们很是苦恼。这种不情不愿承担下来的任务，如果办砸了，责任还得落在自己头上。

但是，作为下属，要对上司说“不”是需要勇气的。而且，仅有勇气没有策略也是行不通的。

实战案例 1：晏子“恕不从命”

春秋时期的齐国，一天早晨，晏子正陪在国君齐景公身边。天气有些冷，一阵寒风掠过殿堂，齐景公感到身上凉飕飕的。或许是为了增加一点儿热量来御寒，他当即指使晏子说：“请给我端点儿热饭来！”可是，晏子婉拒道：“我不是给您端茶送饭的人，不敢从命。”齐景公又说：“请给我拿件皮袍来！”然而，晏子再次拒绝说：“我不是侍奉您穿衣的人，不敢从命。”

齐景公没想到晏子会两次拒绝自己，尴尬之余忍不住问他：“那你是什么人呢？”晏子说：“婴，社稷之臣也。”齐景公问：“什么是社稷之臣呢？”

晏子回答道：“就是立于朝堂之上，掌管大政方针，能够安邦治国之臣……”

自此以后，齐景公不再随意支使晏子了。

晏子真是胆大包天！其实，晏子敢于违抗圣命是有原因的。因为他明白自己的本职工作是什么，所以两次“恕难从命”，理由简单但很充分。在等级森严的时代，晏子能够突破君臣间的上下尊卑关系，提出“社稷之臣”的理念，实属难得。

实战案例2：上司工作安排不合理时，要学会提出自己的看法

作为企业管理者，最主要的工作就是集约化管理手下的人、财、物——把正确的人、财、物放在正确的位置上。如果你的老板把一项并不适合你或者你暂时无法胜任的工作交给你去攻坚，而你并没有把握搞定，这时你该怎么做？

王建强是公司的前期策划专员，他的上司迪娜是个很要强的人，做起事来风风火火。这天，团队上周接到的案子在后期出现了一些问题，迪娜就把大家召集过来，分配工作。可出人意料的是，她竟然把负责前期策划的王建强安排到后期去了。

王建强感觉自己没有把握完美地完成这份工作，考虑再三，他找到迪娜，说：“娜姐，我的特长是前期策划，如果您让我做后勤管理和物流控制，我当然十分乐意去学习，只是这样恐怕会占用一定的时间，影响项目的整体运作效率。所以我建议您还是派专业人士去做这个项目，而我继续在自己擅长的领域全力配合。”

冷静后的迪娜仔细一想，王建强说的话有一定道理，就重新做了人员调整。

天生我材必有用，每个人都有自己的专长。在一个团队中，正是因为有具备不同专长的人互相合作、合理分工，才能实现“1+1＞2”的效果，尽快地解决问题和障碍，推动团队的发展。作为上司，迪娜在团队分工上面没有做到物尽其用、人尽其才。王建强既委婉拒绝了上司的不合理要求，强调了自己的长处和短处，又通过话语中的暗示，告诉上司应当根据每位员工的特长安排合适的人选，保证项目的执行效率。

实战案例 3：不想加入你不认同的项目时，要敢于给出自己的意见

如果老板或者直属上司要你参与一个项目，你却发现这个项目的可行性并不高、前景没有那么乐观，那就请勇敢地发出自己的声音吧。

郭帅的老板是个创业新手，经验不是很丰富，特别是在人事安排和商业风险判断上。这天，他听说同城的一家公司打算强强联合，正在征集合作伙伴共同研发项目，便让郭帅代表公司组建团队，与对方进行合作谈判。

郭帅拿到计划书后仔细研究了一番，发现这并不是自己的技术专长，他对此也没有兴趣和把握，更重要的是，他对该项目的前景有一定的担忧。于是，他鼓起勇气，向老板建议道：“老板，很感谢您的信任，让我加入这样一个重要的项目小组。不过根据我从业多年的经验来看，这个项目的成本核算过于乐观。并非我对会计的水平有什么质疑，只是我觉得客户方面可能有所隐瞒。如果能够更加详细地了解对方公司的具体情况，再根据资料重新

核算，那么这个项目做起来就会有更大的把握。”老板觉得郭帅说得很有道理，同意重新考虑这次合作。

尽管老板对项目的判断经验不足，但郭帅怎么敢这么直接地否定自己的老板？很显然，郭帅胜在有理有据，抓住了这个项目不成熟的地方，并且结合实际经验，晓以利害。商人一般都是趋利避害的，所以，老板自然会参考郭帅的意见。如此，郭帅不仅没有得罪老板、坐上“冷板凳”，还让老板高看一眼，摆脱了棘手的工作，轻松“金蝉脱壳”。

口才支招

拒绝上司时，应注意避开以下四条禁忌：

1. 当面顶撞。不管是不是直系领导，即便是同事之间，也不该置人于尴尬的境地。

2. 满不在乎。眼里没领导，饭碗保不了。给上司提意见时，要注意态度诚恳，充分尊重领导的权威和尊严。

3. 牢骚满腹。受到上司的批评时，如果你牢骚满腹，会让上司认为你批评不得，产生一种你这个人“用不起”的负面印象。

4. 解释过多。上司安排工作时，讨价还价、反复争辩是完全没有必要的。

让你的上司因你而骄傲

老是把自己当作珍珠，就时时有怕被埋没的痛苦。把自己当作泥土吧！让众人把你踩成一条道路。

——鲁藜《泥土》

一个真正能够用心投入日常工作的人，不仅要想到我“能够”为公司做些什么，更要想到我“必须”为公司做些什么。

或许做到这些不能立竿见影地带来什么好处，但可以确定的是，这一定是一条通往成功的桥梁，一定会让上司因拥有你这样的员工而骄傲。

问题板

和你同时入职的人，是不是有的已经成了公司的骨干？

是不是有的人特别受领导青睐、同事喜欢？

上司是不是总把一些重要的工作交给别人而没交给你？

试用期马上结束了，是不是你心里还是没有什么把握？

凡此种种，皆事出有因。或许就是因为你没有做过一件让上司放心、让上司骄傲的事情！

实战案例 1：用你的细心让上司放心

王文博被一家 500 强企业聘用，做人力资源专员。一次，公司为了培养新人的团队精神和归属感，专门组织了一场野外素质拓展活动。

人力资源经理让王文博协同培训部刘主任来负责这项拓展活动。刘主任联系好了车子，又带着王文博买了些活动需要的道具，然后对他说：“文博，差不多了，辛苦了，你先回去休息吧。”王

文博以前也组织过类似的活动，他感觉现在准备得还不太充足，便说：“刘主任，是不是要买些药品？以防队员在拓展训练时出现意外。还有，我建议查询一下这几天的天气情况，看是不是需要做些防雨、防晒的措施。”王文博还没说完，刘主任连连点头，说：“你说得对！这些东西我差点儿忘了，多亏你细心啊。”说完，他们去药店买了些药品，又上网查询了天气预报，确认了天气情况。

在两人的精心准备下，拓展活动圆满举行，刘主任也受到了经理的夸奖。在培训结束后的公司晚宴上，刘主任高举酒杯，向王文博敬酒道：“文博，表现不错，今后一定大有前途。”凭着这个不错的开始，王文博主动学习，积极上进，工作做得顺风顺水。

斯坦尼斯拉夫斯基曾说：“没有顽强的细心的劳动，即使是有才华的人也会变成绣花枕头似的无用的玩物。”对于公司来说，并不要求每个员工都能立竿见影地为公司创造价值，而是希望求职者能有一个踏实认真的状态，做个有心人，善于从细节着手，把每件小事做好。王文博进入职场后，做事细心，能让上司看到他这个人思维缜密、办事周全，让人放心。具备这种品质的新员工，得到上司的认可也是理所当然的。

实战案例2：用你的耐心让上司有信心

林宁是一家医药公司的业务员，为了锻炼他，业务拓展部经理带着他去外地谈一笔合作。在拓展市场的过程中，他们遇到了一个很难说话的客户，初次打交道就被客户很生硬地回绝了。

经理安慰他说：“小林，这种客户我见得多了，你是第一次谈业务，是不是有些心灰意冷了？”林宁倔强地摇了摇头。虽然出师不利，但林宁没有灰心，他通过多种渠道对客户进行了解，打听到这位客户酷爱钓鱼，就委托懂行的朋友买了一把不错的钓竿，又临时学了一些钓鱼常识。

过了一天，经理又约对方见面。这一次，林宁回避了敏感的业务问题，而是从钓鱼入手，打开了对方的话匣子。

慢慢熟悉之后，林宁找了一个很好的鱼塘约客户去钓鱼，在让客户充分享受到垂钓之乐的同时，也渐渐拉近了两个人的距离。多次接触之后，客户由对林宁本人的认可，逐渐上升到对产品的认可、对公司的认可。

最后，客户对经理说："能让我买单的业务员，贵公司可只有小林一个啊！"最后，双方成功签约，林宁也因此得到了公司领导的高度赞誉。

林宁对待客户的耐心，来自他对任务的执着、对公司的负责，也来自他对客户的尊重。面对工作中遇到的困难，一味抱怨、退缩都无济于事；此时所要做的就是用足够的耐心把"冷板凳"坐热，连"冷板凳"都坐过了，还有什么好怕的呢？在这个过程中，不管是遇到困难时所表现出来的气度，还是随之采取的应变措施，包括细节的处理等方面，都需要有耐心。如果缺乏这份耐心，恐怕只能一事无成。

实战案例 3：用你的公心让上司开心

李博然和张清科是同事，他们业务能力相当，都很受领导器重。有一年"五一"小长假前夕，公司突然来了一批任务，临时需要人手。张清科跟领导说他已经定好了假期的安排，正准备出

发，不能加班。正在领导犯难的时候，李博然主动提出自己可以假期加班。三天假期，李博然起早贪黑，最终圆满地完成了任务。

假期过后的例会上，领导对李博然出色的表现提出了嘉奖，不但提拔他做业务经理，还额外奖励了他几天带薪假期，以补偿“五一”小长假的损失。领导在会上说：“我很欣慰，我们的员工能以公司为家。李博然不但为公司创造了利润，也维护了公司在客户心目中的形象。我们事后才知道，李博然早已经订好了旅游的机票，但是他不声不响地退掉了机票。他这种一切以公司利益为重、事事为公司着想的精神是值得我们每一位公司同仁学习的！”会议室里顿时响起热烈的掌声。张清科这才明白过来，但是为时晚矣。

李博然能得到领导的赞誉，与他所具有的公心是分不开的。这里的“公心”指的是一种平和的职场心态，以平淡之心看待个人名利的取舍，以进取之心看待集体的发展，事事为企业发展着想，处处以企业大局为重。私心过重的人看似聪明，眼前不吃亏，但是每个人心里都有一杆秤，久而久之必然引起大家的反感。而具有公心的人乍一看似乎很傻，实则是目光长远、高瞻远瞩。他们不为蝇头小利与同事争执、与上司纠缠，也不会推卸责任，而是知难而上、主动承担，从而为领导分忧，赢得领导的器重。

口才支招

1. 雨果曾言：“虔诚的开端，带来美好的结束。”这说明，我们不管做什么事情，都应该抱着一个积极、虔诚的态度，狭隘的言行不仅会妨碍他人，也会限制自己的发展。

2. 任何一个双手插在口袋里的人，都爬不上成功的梯子。要想成为第一个吃螃蟹的人，就要学会忍受螃蟹的夹击。工作也是一样，给多少钱干多少活的人，只能听从安排、随波逐流；干多少活赚多少钱的人，则把命运的主动权掌握在了自己手里，未来可期。

后　记

口才是求职第一武器

西方人把口才、美元、电脑称为立足世界的三大战略武器。口才居于三大武器之首，足见其社会地位已经被推到了惊人的高度。

对求职者来说，口才也是打通面试的第一武器。时代不同了，单纯靠体力、靠学历生存的时代早已一去不复返，要想为自己争得一席之地，必须具备良好的语言表达能力，也就是口才。

当然，有人会说“桃李不言，下自成蹊”——我有实力，我靠能力吃饭，所以，我无须多言。其实，这是不现实的。

某大学外国语言与国际交流学院曾就高校毕业生就业情况进行过一次调查，其中有一个问题是:“如今的劳动力市场和用人单位最关心毕业生的哪些条件?”根据列举的 12 种素质要求，调查人员随机采访了 98 家用人单位的人事部门负责人。结果显示，排在前五位的分别是表达能力（97.41％）、个人实际能力（97.03％）、社会实践经验（85.93％）、专业方向（83.33％）、道德水准（78.52％），而个人学习成绩仅列第八。

进入职场，首先要通过求职面试，而面试成功与否很大程度上取决于求职者的口才能力。有的人三言两语就能给面试官留下良好的印象，有的人则因为表达欠佳，止步面试现场。

所以，你的口才是你求职的第一武器！求职面试，三分人才，七分口才，就看你能不能说到面试官的心坎里了！

美学家朱光潜说："话说得好就会如实地达意，使听者感到舒适，产生美感，这样的说话就成了艺术。"良好的谈吐能够展现一个人或达观开朗或宽容忍让或义正词严或一言九鼎的人格魅力。

美国通用电气公司前董事长杰克·韦尔奇有一个经典的观点：沟通的时代来临了。

所以，练好你的口才吧！磨刀不误砍柴工！

这本书教给读者最实用、最简单、最经典的面试口才与表达技巧，希望这本书能帮你早日步入侃侃而谈、滔滔不绝、口若悬河的佳境，为你的求职面试锦上添花！

李洪伙

2024 年 8 月

版权声明